L'AMOUR ME RELÈVE CHAQUE JOUR

mame

Direction : Guillaume Arnaud
Direction éditoriale : Sophie Cluzel
Édition : Emmanuelle Rivoire-Grimaud

Direction artistique : Thérèse Jauze
Direction de la fabrication : Thierry Dubus
Fabrication : Marie Guibert
Mise en page : Text'Oh (Dole)

www.mameeditions.com
ISBN : 9782728935000
MDS : MM35000

Marc Bruneteau

Préface de l'abbé Grosjean

L'AMOUR ME RELÈVE CHAQUE JOUR

Le couple et la famille
à l'épreuve de la maladie psychique

MAME

À Tante Laurence, pour son accueil si chaleureux et sa grande affection qui a tant protégé notre famille.

À Marc-Hilaire et à Pierre, pour leur indéfectible amitié fraternelle.

À nos enfants, pour qu'ils continuent à croire que rien n'est impossible à Dieu.

À toi, Charlotte, pour la force de ton amour qui me sauve.
« Rien que pour aujourd'hui. »

PRÉFACE

Allons droit au but : ce livre est une leçon bouleversante de courage et de simplicité. Un courage bien particulier... Pas celui qui brille aux yeux du monde, ni celui qui nous obtient la gloire et les honneurs. C'est un courage plus intérieur, sans doute ignoré de beaucoup, et sans aucun doute pas assez valorisé ni reconnu chez ceux qui l'ont. C'est le courage d'un homme plein d'idéal et de générosité qui, un jour, consent à reconnaître aussi sa pauvreté. Le courage d'un chef, d'un époux, d'un père qui, au cœur de l'épreuve, met un genou à terre et accepte de se laisser aider. Le courage d'un chrétien qui apprend pas à pas à s'aimer et à se laisser aimer, avec ses fragilités, sa maladie, ses blessures...

Ce n'est jamais facile de se laisser aider. De déposer l'armure. De reconnaître qu'on n'y arrive plus tout seul, qu'on va sombrer. De se l'avouer pour réussir ensuite à le confier à d'autres... D'oser enfin pleurer devant d'autres, avec et devant les siens, avec et devant le Bon Dieu. On a si peur de décevoir, surtout avec le bel idéal qu'on porte ! On a si peur de cette vulnérabilité qu'on voudrait camoufler, si peur de ne plus maîtriser, de ne plus être aimé... Marc aurait pu désespérer et renoncer, trop humilié ou trop cassé. Marc, au contraire, par amour pour ses enfants et sa femme, mais aussi porté par leur amour, a décidé de ne pas renoncer, d'affronter la maladie, l'addiction, le regard des autres et tous ses vieux démons. On mesure difficilement ce que cela veut dire comme bataille à mener, incessante, douloureuse, de relèvement en relèvement. Une bataille qui n'est pas terminée, qu'il faut mener avec persévérance, en couple, en famille, en chrétien.

On ressort de la lecture de ces pages marqué par le courage de Marc et par sa simplicité, par son humilité même. Il nous dévoile son cheminement et nous permet ainsi de l'accompagner dans les joies et les épreuves de sa vie, sans rien édulcorer mais sans jamais non plus manquer d'une juste pudeur. Aucun voyeurisme dans ce récit, mais un partage de vie franc et authentique, qui nous fait tous réfléchir : « Et moi, est-ce que j'ai ce courage de me laisser aider quand la bataille se fait rude ? Ai-je la simplicité de parler vrai à quelqu'un – conjoint, ami, frère ou prêtre – quand il le faut ? De me reconnaître et de me montrer vulnérable ? Est-ce que je sais "pleurer" quand mon cœur est brisé ou mon âme, éprouvée ? » Je suis certain que le témoignage de Marc sera précieux pour beaucoup…

Il y a un autre courage dans ce livre, omniprésent, à côté de celui de Marc. C'est celui de Charlotte, son épouse tant aimée, compagne de ses luttes, partageant l'humiliation et la pauvreté de son mari dans cette épreuve. Quelle leçon de vraie compassion, de cette capacité à « souffrir avec » celui qu'on aime ! Sans jamais justifier ce qui ne doit pas l'être, ni renoncer à croire l'autre capable d'avancer, de se relever, d'aimer. Se révèlent dans ce récit la vérité et la force du pardon comme du sacrement de mariage, la beauté de la fidélité « *dans le bonheur comme dans les épreuves, dans la santé comme dans la maladie, tout au long de notre vie* ». Ces mots prononcés dans la joie du jour des noces prennent tout leur sens et tout leur poids. Charlotte veut les vivre sans subir…

Elle choisit d'y croire vraiment. Elle choisit d'aimer en actes et en vérité celui qui lui a été confié, celui à qui elle a été confiée. Elle ne nie rien du réel parfois terrible. Elle ne fuit pas ce réel, ne s'aveugle pas – la foi n'est pas une fuite, ni une façon d'oublier ou de fermer les yeux – mais au cœur de ce réel, elle demeure l'épouse qui permet à Marc de rester époux, la mère qui encourage Marc dans sa mission de père.

Le combat de Marc, c'est aussi le combat d'un couple. C'est ensemble qu'ils traversent les tempêtes. Et si Marc a le courage de faire ce qu'il doit faire, ce n'est pas sans Charlotte. Il n'aurait sans doute pas persévéré sans celle qui lui rappelle, jour après jour, qu'il est aimé tel qu'il est. Ce récit vaut bien des livres de préparation au mariage ! Après avoir accompagné Marc et Charlotte dans leur préparation au mariage, je suis profondément touché de voir, à travers leur histoire de couple et de famille, la réalité de l'œuvre en eux de la grâce du sacrement de mariage, la force de ce sacrement qui les rend capables, dans les larmes comme dans les joies, de demeurer compagnons de cordée encore aujourd'hui. Cette préface est aussi pour moi l'occasion de leur redire combien je suis fier d'eux et touché, admiratif de ce qu'ils ont construit, de leur force et de leur courage dans l'épreuve. Tout cela portera du fruit bien au-delà d'eux, j'en suis certain.

Il y a un dernier courage, qu'on ne découvrira pas sans avoir les larmes aux yeux. Celui des enfants, qui s'expriment en quelques lignes avec tant de justesse à la fin de ce livre. Je pense en particulier aux deux aînés, Rémy et Martin, mais aussi à leurs petites sœurs qui disent de façon si touchante leur amour toujours là pour ce papa éprouvé. Après avoir lu leurs témoignages, je veux ici dire à Rémy et à Martin mon admiration et ma confiance pour eux, pour ce qu'ils seront demain, pour ce qu'ils bâtiront. Ils ont vécu et vivent encore sans doute des moments bien éprouvants. Ce n'est jamais anodin pour un fils d'être confronté à la fragilité de son père. En particulier à l'âge auquel on a besoin de l'admirer et de s'appuyer sur sa force pour se construire. Marc lui-même le sait bien, pour l'avoir expérimenté plus jeune. Mais ce que vous écrivez, Rémy et Martin, le prouve : vous possédez déjà ce qu'il y a de plus beau chez votre père, son courage, sa franchise et sa simplicité. Vous avez su apprendre à l'aimer sans l'idéaliser, sans doute plus tôt et plus vite que beaucoup de vos amis. Vous avez dû parfois dans les moments de crise l'affronter ou le protéger… comme si les rôles s'inversaient. Vous l'avez fait avec courage, non sans douleur. Mais vous avez compris aussi, cela s'entend dans vos mots, la leçon de courage que votre père vous a donnée et vous donne encore aujourd'hui : la vraie force d'un homme n'est pas d'être fort tout le temps ni tout seul. La vraie force d'un homme, c'est de savoir se laisser aider et encourager, par le Bon Dieu et par ses proches. De savoir se laisser relever et consoler. Pour continuer de servir, de croire et d'aimer, tel qu'on est, avec ce qu'on est. On est un gars bien pas parce qu'on est parfait. On est un gars bien parce qu'on persévère, de relèvement en relèvement, à servir et à aimer… en commençant par oser croire qu'on peut se laisser aimer tel qu'on est, en vérité. Vous avez appris cela, dans les larmes parfois. Mais vous serez forts de l'avoir compris. Sans nul doute, Marc doit être fier de vous, ses fils… comme il l'est de son épouse et de ses filles !

Marc, Charlotte, Rémy, Martin, Perrine, Blandine, Flamine et Pauline, merci infiniment pour ce partage simple et franc de votre chemin de vie. Merci de nous offrir votre témoignage avec humilité. Nous n'avons pas tous les mêmes épreuves. Nous n'avons pas tous les mêmes fragilités. On ne choisit pas ses croix ni ses combats. Mais je souhaite à chacun des lecteurs de redécouvrir et de goûter cette belle espérance qui vous porte, celle qui vous anime et qui nous vient de ce matin de Pâques, quand le tombeau fut trouvé vide. Nous arriverons au Ciel tous un peu cabossés, pauvres que nous sommes, mais nous y arriverons parce que nous sommes des pauvres infiniment aimés et déjà sauvés ! Et ce jour-là, nous comprendrons enfin pleinement ces paroles de Jésus adressées à saint Paul. Ce dernier se plaignait d'une « écharde dans sa chair », d'une fragilité ou d'un combat qui persistait et l'humiliait : « *Ma grâce te suffit,* lui dit Jésus, *car ma puissance donne toute sa mesure dans ta faiblesse.* » (2 Co 12, 9). S'ils se laissent aimer, les boiteux et les cabossés que nous sommes auront leur place dans le royaume des Cieux. En attendant, continuons d'aimer, de servir et d'espérer ! Courage et confiance.

Abbé Pierre-Hervé Grosjean,
31 mai 2024, fête de la Visitation.

Chapitre 1

TU SERAS UN HOMME, MON FILS

Un gueux

Un gueux ! Drôle de rêve pour l'enfant de huit ans que je suis. La Vendée est un pays de gueux, ceux qui quittent tout, ceux qui meurent, ceux qui pardonnent et, par-dessus tout, ceux qui embrassent le martyre. Quel que soit mon âge, tout me ramène à la Vendée. Je suis petit et fier de l'être. Dernier de la fratrie, je suis très gâté à cet âge-là. Comme toutes les familles de militaires, nous vivons au rythme des mutations de Papa. Maman est pharmacienne de formation mais elle n'a jamais exercé son métier pour se consacrer entièrement à sa famille. L'école ne m'intéresse pas du tout. J'aime juste les mathématiques et le sport car ce sont deux disciplines où la vitesse a une réelle importance. Et oui, je suis de nature impatient, très impatient. Je ne rêve pas d'être riche, grand, intelligent ou encore couvert de gloire. Je rêve d'être légionnaire, un simple légionnaire. Sans maison, sans argent, sans famille. Je veux parcourir le monde, le désert ou la jungle, risquer ma vie au combat ou dans une bagarre à l'autre bout de la terre, défendre une noble cause, mais sans les honneurs. Je crois que c'est l'histoire de la Vendée où je passe mes vacances qui m'imprègne de cette envie d'aventure, d'idéal et de pauvreté. C'est cette Histoire qui a inspiré ma vie dès ma plus tendre enfance.

Mes plus beaux souvenirs d'enfance se trouvent sur les trottoirs des Sables-d'Olonne, là où je marche les pieds sableux sur le bitume brûlant. Je parcours les rues entre « Sainte Thérèse », la petite maison de pêcheur de ma grand-mère, et la plage. Entre les deux, la chapelle Notre-Dame de Bonne-Espérance où nous allons prier, à l'aller comme au retour. Je suis accompagné de mon frère Olivier, de deux ans mon aîné. Il est le binôme de mon enfance, nous faisons tout ensemble ! Ma sœur Anne est là pour veiller sur nous. Les neuf ans qui nous séparent font d'elle notre seconde maman. Elle nous couvre de gentillesse et de tendresse. Et quand nous avons de la chance, notre frère aîné Frédéric est aussi avec nous. Parti à l'internat dès l'âge de douze ans, il a embrassé une carrière militaire, une fois la majorité venue. Il nous gâte beaucoup, nous raconte des histoires improbables à nous tordre de rire et nous admirons sa joie de vivre et sa liberté. Une liberté dont il abuse avec délectation aux heures les plus avancées de la nuit. Je suis profondément heureux. Aucun nuage à l'horizon. Mais, à ce moment de ma vie, j'ignore que trente ans plus tard, ce sera en Vendée qu'il me faudra changer de vie pour enfin devenir un gueux !

Papa. Avant d'être époux ou d'être mon père, il était militaire. Je me souviens de l'odeur poussiéreuse et de la texture rêche de son treillis. Nous habitons en Allemagne, de mes huit ans jusqu'à mes dix ans. Un samedi matin, par un temps magnifique, je suis au pied de la tribune d'honneur, juste derrière mon père et son millier d'hommes au garde-à-vous. Cet homme, pourtant de petite taille, est immense à mes yeux. Il commande avec une grande fermeté qui ne laisse aucun doute sur son exigence envers ses hommes et envers lui-même. Mais cette même exigence est aussi mêlée à une grande générosité, ce qui lui donne un charisme reconnu par tous. C'est mon père, j'en suis si fier ! Tout au long de ma vie, aujourd'hui encore, j'entends parfois la même question : « C'est ton père, le colonel Bruneteau ? » En 2015, un cadre supérieur de mon entreprise avait même les larmes aux yeux à l'évocation de la mort de Papa. « J'aimais beaucoup votre père ! » m'a-t-il confié, la voix tremblante.

Ma mère est, avant tout, mère et épouse. Jamais d'activités, jamais de temps pour elle, une seule préoccupation : le bonheur de ses enfants et de son mari. Mis à part quelques contraintes liées à son statut de « madame la colonel », Maman passe le plus clair de son temps à s'occuper de nous, son mari et ses enfants, avec une grande tendresse. Elle nous parle beaucoup de son père, garagiste à Tours, réputé pour sa grande honnêteté et son humilité. Elle garde de son enfance de magnifiques souvenirs d'après guerre. Malgré la sévérité de sa mère, elle a vécu heureuse à Tours, très choyée par son père. Avec Jean-Jacques, son frère, la petite Anne-Marie arpentait les rues tourangelles dans la plus grande insouciance. « C'est un mal pour un bien. » Cette simple phrase qu'elle n'avait de cesse de répéter lui a permis de franchir toutes les épreuves avec une confiance absolue, une confiance qui se confondait parfois avec une naïveté évidente. Mais Maman préférait être naïve plutôt que de croire qu'il puisse y avoir du mal dans le cœur de son prochain. Elle a tout sacrifié à ses enfants et à son mari, beaucoup trop sacrifié…

Je ne le pressens pas encore à ce moment-là mais notre famille s'apprête à souffrir. Le chemin chaotique sur lequel nous nous engageons va être un mal d'où sortira avec le temps un grand bien ; un sentier de gueux au terme duquel, à l'inverse de ce que je vivais dans mon enfance, l'admiration pour ma mère égalera l'amour que je porterai à mon père.

Le temps des tempêtes

La carrière de mon père commença en Algérie, comme jeune appelé du contingent, pour un séjour de dix-huit mois. Il devint officier en 1968 après être passé par l'EMIA (École militaire inter-armes) à Saint-Cyr. Une bonne dizaine de mutations plus tard, en 1990, il quitte l'armée à la surprise générale. À cinquante ans à peine, sur un grand coup de tête, il claque « bien fort » les portes de l'institution militaire. Cette bien mauvaise décision est motivée par son caractère colérique et par l'orgueil d'un homme qui défie une autorité qu'il ne respecte plus. Effectivement, ceux qui arrivent à commander « Bruneteau » ne sont pas légion. Ils doivent être plus forts, plus charismatiques que lui. Dans le cas contraire, mon père devenait presque « incommandable ». À la maison, on ne parle jamais de l'Algérie et toute question sur ce sujet est interdite. En revanche, Papa nous parle chaque jour de ses sept années à Saumur en tant qu'instructeur « tir » à l'école de cavalerie. Il est vrai qu'il a marqué toute une génération de jeunes officiers. Fin pédagogue, Papa, grâce à son charisme, acquiert l'adhésion des jeunes lieutenants bourrés « d'esprit potache ». Mais tout cela n'est que souvenir ! Maintenant, il doit s'efforcer de retrouver un travail : dans la sécurité, l'éducation, le management… Deux ans de galère ! Jusqu'au jour fatidique où un recruteur lui dit : « Mis à part être colonel, qu'est-ce que vous savez faire ? » Le choc ! Mon père se rend compte qu'il a beaucoup trop sous-estimé le grand défi d'une reconversion civile pour un militaire. Et « mis à part être colonel », effectivement, Papa ne savait et ne voulait rien faire d'autre ! Cette étape de sa vie professionnelle va avoir un retentissement incroyable sur toute la famille. S'il garde beaucoup de beaux souvenirs de sa carrière militaire, il en garde aussi une consommation d'alcool quotidienne qui va s'accroître avec le temps et l'oisiveté. Cinq ans après sa démission, Papa est alcoolique. Levé à 11 heures, première bière à 11 h 30. Les fins de soirée sont horribles, jalonnées d'insultes, de colères et de coups de poing dans les portes et dans les murs. Petit à petit, la famille s'isole du monde et de toute vie sociale. Comment inviter un ami alors que la cuisine, dont la porte est complètement défoncée, regorge de cadavres de bouteilles de bière ? Nous vivons tous très mal cette période, même mon frère Frédéric qui a pourtant déjà pris son indépendance depuis plus de dix ans et ne vit plus à la maison. Mais la vraie victime de cette situation est bien évidemment Maman. À chaque accrochage, elle vient me voir le lendemain matin pour me dire : « Papa t'aime, tu sais. Ce qui nous arrive est un mal pour un bien. Tout va s'arranger. » Papa est un écorché vif. Les coups répétés de son père dans sa plus jeune enfance et son passage en Algérie sont autant de cicatrices avec lesquelles il n'arrive plus à vivre.

L'affrontement

Et puis, un jour, mon père est allé trop loin. C'était choquant, violent et pourtant tellement prévisible. En 1997, contrairement à son mari, Maman a retrouvé un travail. Elle est directrice d'une école de prépa paramédicale sur deux sites : Nantes et Tours. Je crois qu'elle a décidé de retravailler pour des raisons financières mais aussi et surtout pour s'offrir une bouffée d'air dans un quotidien beaucoup trop difficile. Elle travaille trois jours par semaine à Nantes et le reste de la semaine à Tours. Sans doute pour me protéger, Maman me demande de venir vivre à Nantes avec elle. Moi, j'y reste toute la semaine entre le lycée, les activités de paroisses, le scoutisme et les amis. Je profite chaque jour de cette incroyable liberté et de cette grande sérénité, même si cela ne dure qu'une année. Et, un dimanche soir, le choc ! Alors que je vais chercher Maman à la gare, je retrouve une femme à demi-souriante, extrêmement mal à l'aise, l'œil entouré d'un cocard. J'explose en larmes en plein milieu de la gare. Rapidement, je lui dis : « Laisse-moi sauter dans un train, je vais lui régler son compte et lui casser la gueule ! » Mais Maman a besoin de moi ce soir-là. « Calme-toi, laisse-moi t'expliquer. Allons au restaurant, j'ai besoin de passer du temps avec toi. Et puis, tu sais, c'est forcément un mal pour un bien. » Nous allons donc dîner au restaurant. La salle entière nous regarde du coin de l'œil. Maman sourit, moi je pleure. Deux jours passent sans que j'arrive à accepter cette situation. Il faut bien une limite ! Il faut que tout cela s'arrête. Le mardi matin, je sèche le lycée et j'explique à Maman que je souffre bien plus en « laissant faire les choses » plutôt qu'en allant affronter directement Papa. « Vas-y, mon fils. Sois prudent et n'oublie pas qu'il est malade. » Ayant l'accord explicite de Maman, je prends mon téléphone et appelle mon père : « J'arrive à 16 heures, fais tes bagages, tu quittes la maison ! » Arrivé à Tours, je suis mort de peur. Comment affronter cette personne que j'admire tant ? Il me faut une longue minute, après une brève prière, pour ouvrir la porte. Papa m'attend. D'un geste, je l'attrape par les épaules et avant que je ne puisse dire quoi que ce soit, il m'interpelle. « Fiston, j'ai fait mes bagages, je quitte la maison. » Je suis abasourdi, les larmes aux yeux. « Je pars pour l'hôpital pour suivre une cure de désintoxication. S'il te plaît, peux-tu m'y accompagner ? » Je fonds en larmes dans ses bras alors qu'il approche sa bouche de mon oreille pour me glisser ces quelques mots : « J'ai demandé pardon à ta mère. Je te demande pardon. Je suis fier de toi. » Si sa fierté est terriblement mise à mal après les coups portés à Maman, il n'en reste pas moins fier de son dernier fils qui trouve alors le courage de l'affronter. Papa sortit de l'hôpital au bout d'un mois et demi. Méconnaissable, joyeux, amaigri et plein de volonté. Ce paradis ne dura que quelques mois. Après trois rechutes et deux autres cures, il baissa les bras et décida, en conscience, de perdre le combat. La défaite n'était pourtant pas pour lui une attitude acceptable. Mais sa volonté, face à l'alcool, a déclaré forfait. Il y aura encore beaucoup de drames mais mes parents s'étant séparés quelques années plus tard, l'alcool fera évidemment moins de dégâts au fil du temps. Cette triste expérience me servira bien plus tard. Raison pour laquelle je n'en garde aucune amertume. Et puis, j'aimais mon père !

« Tu seras un homme, mon fils[1] »

Papa arbore ce texte magnifique de Rudyard Kipling dans la bibliothèque du petit appartement où il a emménagé. Aujourd'hui, ce poème est dans la mienne, comme un fil conducteur de ce qu'il m'a transmis ! Je décroche mon bac à dix-neuf ans après un pitoyable redoublement en troisième. Je n'ai presque jamais travaillé à l'école. D'abord, car je n'y vois aucun intérêt pour le légionnaire que je rêve d'être. Ensuite, parce que mes parents sont bien trop préoccupés par leurs problèmes de ménage et de divorce pour me suivre et m'aider dans ma scolarité. À dix-neuf ans, ayant mis de côté ma vocation de légionnaire, j'annonce à mes parents que je vais travailler, ne pas faire d'études. Pour eux, le choc est énorme ! Je veux quitter la maison pour être enfin autonome. Comment ? En déchargeant des camions de 23 heures à 6 heures du matin dans une entreprise de transport. Le salaire est convenable ; travailler la nuit est une aventure et je peux vivre comme je l'entends. À l'énoncé de mon projet, Maman reste impassible et Papa se met à hurler : « Quel con ! Tu ne vas pas foutre en l'air ta vie à dix-neuf ans ! » Je lui réplique qu'il est un peu tard pour se préoccuper de ma vie et que ma décision est prise. Claquement de porte et *bye bye* ! Quelques jours plus tard, message de Papa : « Viens ce soir à la maison, je dois te parler. ». Je me retrouve en face de lui et il me demande de lire ce poème de Kipling avant d'en discuter. À ce moment-là, je comprends que notre relation est en train de changer. « Tu es un homme, mon fils. Malgré mes remarques, tu agis selon ta volonté. Pour la

---

1. Il s'agit d'un célèbre poème de l'écrivain britannique Rudyard Kipling (1865-1936), paru en 1910 dans le recueil *Rewards and Fairies*.

première fois, tu m'as dit non et je respecte ton choix mais tu devras en assumer les conséquences ».

À partir de ce jour-là, nous parlons d'égal à égal, d'homme à homme. La vie, l'amour, la foi, l'alcool, l'éducation, la politique, l'histoire… Alors qu'il ne s'est jamais préoccupé de moi durant ces vingt dernières années, je vais enfin « être élevé » par mon père. De 1999 à 2006, je passe deux à trois heures tous les vendredis et samedis soir à refaire le monde chez lui, bouteille de whisky douze ans d'âge sur son bureau. Papa était un enfant battu, de manière violente et injuste. Et, alors qu'il quitte enfin ses parents, l'aventure qu'il croit vivre en Algérie s'est terminée en drame, en cauchemar. La violence de ce conflit l'a marqué au fer rouge. La politique, le travail, le scoutisme, l'armée… tous ces sujets, abordés pendant des heures, faisaient consensus entre nous. Pour autant, je ne peux pas dompter son caractère instable et colérique : en rentrant chez lui, j'ignore toujours comment je vais en sortir. Notre vie de famille est le sujet le plus sensible entre nous deux. Un jour, mes paroles très directes sur le sujet peuvent le mettre en rage et, le lendemain, le toucher au point de me demander pardon, les larmes aux yeux. Je n'oublierai jamais le jour où il me dit : « Marc, je te demande pardon d'avoir été un mauvais père. » Ces paroles restent gravées dans mon cœur à jamais car elles ont pansé mes blessures, m'ont appris l'humilité et m'ont surtout montré la force du pardon. Je crois que, ce jour-là, je suis véritablement devenu un homme et lui, un bon père.

Enfin, mon père m'a appris à être libre : « Sers-toi de tes convictions, de ton affect, de tes sentiments. Crois en tes rêves. Ne sois pas tiède. Quelle que soit la situation, affronte-la. Sans fuite, sans lâcheté. » Maman m'a tendrement élevé jusqu'à ce que Papa prenne le relais pour faire de moi un homme. Si j'ignore encore, à ce moment-là, mes faiblesses, je sais que je possède en moi les armes pour les accepter et les combattre. Papa est mort trois mois après notre mariage. La veille de sa mort, à l'hôpital, il me serra très fort la main en me disant : « Marc, Marc, chut… Les fellaghas sont là. » Cette guerre l'avait décidément marqué jusqu'à sa mort. Je suis le seul à vraiment savoir ce qui s'est passé là-bas. Même Maman ne l'a jamais su. Cette guerre a laissé une plaie béante qui ne pouvait pas tout excuser mais qui pouvait tout expliquer. Je me suis construit grâce à lui. Grâce à ses forces, grâce à ses faiblesses, il a fait de moi un homme, son fils.

Chapitre 2

CE N'EST PAS TROP TÔT

Ce n'est pas trop tôt, c'est vendredi ! « Cri de ralliement » entre mes amis tourangeaux et moi. Après deux années de travail dans mon entreprise de transport, je décide finalement de reprendre des études. Les quais de déchargement m'ont appris le goût de l'effort, la volonté et la valeur du travail. Je suis devenu quelqu'un, la nuit, sur les quais. On m'y appelait « le petit », ce qui n'était pas péjoratif dans la bouche de mes collègues. Mais je ne m'imagine plus continuer davantage et le travail intellectuel me manque beaucoup trop. Je comprends alors très vite que ma liberté passe par quelques années d'études : quatre années d'études en logistique à Chartres puis à Paris. Ainsi, entre mes dix-sept et mes vingt-quatre ans, j'ai vécu des moments inoubliables avec mes amis tourangeaux. Nous sommes vingt-sept inséparables ! Ce groupe d'amis s'est construit naturellement, petit à petit. Nous partageons nos vies, nos rêves, notre façon d'aborder l'avenir et une grande affection réciproque. Dans le tumulte de ma vie de famille, je trouve auprès de chacun d'entre eux l'écoute, le recul et la joie qui me permet de dire : « Malgré tout, je suis heureux. » Hugues, dont le père avait été élève de mon père à l'école de Cavalerie, me comprend plus que quiconque.

Nous sommes les rois du monde ! Nous sommes chez nous dans tous les bars de la ville. Tellement nombreux que nous remplissons la moitié des bars à chaque soirée. Parfois, l'un d'entre nous - et je ne suis pas le dernier - paye « sa tournée » à toute la bande. Et puis, il y a les soirées, chez les uns et chez les autres, lorsque les parents s'absentent. Nous « retournons » la maison, nous « tapons » dans la cave des parents. Cela peut même se terminer par un barbecue vers 4 heures du matin dans le jardin de Maman. Nous avons tous tracé notre route. Le souvenir de cette période est marqué à jamais dans le cœur de chacun. Nous avons toujours un *WhatsApp* pour les grandes annonces, pour les anniversaires et nos retrouvailles tous les dix ans. C'est évidemment la chanson de Patrick Bruel, sur laquelle nous hurlions, qui nous a inspiré cette idée de retrouvailles décennales. D'ailleurs, une phrase de cette chanson m'était dédiée. L'auteur l'a écrite pour moi, c'est une certitude ! « *Et toi Marco qu'ambitionnais simplement d'être heureux dans la vie. As-tu réussi ton pari ?* »

L'amitié fraternelle

Je fais la connaissance de Thibaut, Pierre et Benjamin en 2001. Thibaut et moi sommes en IUT de logistique à Chartres et nous nous sommes tout de suite liés d'amitié. Ensuite, il me présente ses deux compères. Quatre frères, tous témoins de mariage les uns des autres. Tout aussi fêtards, nous partageons la même vision de nos vies respectives. L'aventure, le mariage, l'amitié face à tout, la famille, le scoutisme et la foi. Outre nos soirées bien arrosées, nous grandissons ensemble. Nous partageons nos joies et nos galères. Aujourd'hui encore, cette amitié est solide, rassurante et éternelle.

Il y avait aussi Julien, mon « frère ». Collégiens, nous étions inséparables. Jeune adulte, il bourlingue dans l'hémisphère sud. Il a suffi d'un coup de fil, après deux ans de silence, pour qu'il saute dans un avion en direction de l'Auvergne afin d'assister à mon mariage dont il était témoin. Pas une seule seconde je n'ai douté qu'il m'offrirait cette magnifique preuve d'amitié.

Aussi nombreuses que soient mes amitiés, elles ont toutes un point commun : le scoutisme et, par voie de conséquence, la foi. Oui, nous sommes des fêtards mais nous partageons un idéal fort qui nous oblige. Nous sommes tous scouts, routiers ou guides aînées, assistants ou chefs d'unité. Pas de tricherie, pas de mensonge, beaucoup de discussions profondes et parfois même des « corrections fraternelles ». Les années passent et rien ne change. Nos cœurs sont marqués à vie par cette période si insouciante et si belle. Quelle richesse, je rends grâce chaque jour pour chacun d'entre eux !

La pire amie

C'est également à cette époque que je me lie d'amitié avec l'alcool. Avec Papa, lors de nos discussions dans son bureau, sur les terrasses tourangelles ou en soirée à Paris, j'avais tout à fait conscience du danger d'une telle amitié. Mais c'était plus fort que moi, je le savais. Je n'ai jamais été mesuré dans ma consommation d'alcool. Après tout, tant qu'il n'arrive rien de grave et que je passe de bons moments, pourquoi faire autrement ? Mais je bois plus et plus vite que les autres. Il m'arrive même de payer ma tournée pour anticiper le prochain verre ! Parfois, je n'arrivais même plus à rentrer à la maison. Alcoolisé, il m'est souvent arrivé de conduire la voiture de mes parents pour rejoindre une soirée. Quel imbécile ! Mais ma conscience travaille déjà et j'ai trois convictions à propos de ma relation à l'alcool : 1) un jour, il arrivera un drame 2) il me faudra abandonner cette relation avec l'alcool 3) il me manque LA bonne raison pour arrêter ou mieux gérer ma consommation. Cette raison serait sûrement la rencontre avec ma meilleure amie, celle qui partagerait ma vie. Je suis fidèle en amitié mais l'alcool est une amie qui vous veut du mal. Elle est en permanence à vos côtés, elle ne vous quitte jamais ! Même quand vous êtes seul, elle est là. Mais, grâce à mon père, j'avais conscience très rapidement qu'il me faudrait un jour me passer d'elle. À jamais !

La meilleure amie

Début 2001, je suis invité au cinéma par Thibaut pour aller voir le fim d'Étienne Chatiliez *Tanguy.* Rien d'exceptionnel. Avant de nous rendre au cinéma, nous passons chercher une amie de Thibaut, Charlotte. Arrivés dans une magnifique maison au cœur de Versailles, nous sommes accueillis par ses parents. Et puis, je fais enfin la connaissance de « cette » Charlotte dont Thibaut me parle si souvent. Après le film, le seul souvenir que je garde d'elle est celui d'une jeune femme fermée et triste. Je n'attends rien de cette rencontre mais, heureusement, le film était sympa !

Début 2004, soirée d'anniversaire de Yann, le petit frère de Thibaut. J'arrive avec mes deux packs de bière « réglementaires ». Mon regard est tout de suite attiré par une splendide jeune femme très brune et aux yeux bleu vif. Je sais tout de suite que je veux la connaître, lui parler, la faire rire. C'est avec elle que je veux passer cette soirée, je ne vois qu'elle. Après l'avoir abordée avec une grande assurance pas si naturelle que ça, je me rends compte que c'est Charlotte, la jeune femme croisée trois ans auparavant. Je suis subjugué par son humour, ses éclats de rire et sa personnalité. Nous sommes d'accord sur tout : la vie, la foi, l'amour, l'amitié, la famille, la politique… Je découvre une jeune femme aussi fragile que forte. Elle porte en elle une douceur très féminine mêlée à un caractère auvergnat bien trempé. Charlotte m'impressionne lorsqu'elle me parle de ses engagements politiques, de sa vocation d'infirmière, de ses responsabilités dans le scoutisme et de sa foi chevillée au corps. Son numéro de téléphone en poche, que faire ? Il n'est pas si logique que je reprenne contact avec elle car je comprends très vite qu'une « relation » avec elle serait forcément sérieuse. On ne joue pas. Elle peut vraisemblablement être la femme que j'attends depuis si longtemps : ma meilleure amie, mon épouse, la mère de mes enfants et la femme de ma vie.

À cette époque, je fais « mes classes » à Saint-Cyr. J'ai choisi d'être officier sous contrat. Ce recrutement me convient parfaitement bien pour deux raisons. D'une part, c'est un engagement en CDD de huit ans, le temps où les officiers évoluent dans les unités opérationnelles. D'autre part, je peux choisir mon arme : l'infanterie. Je n'ai d'yeux que pour l'infanterie « la reine des batailles », « la première ligne ». Comme mes frères et mon père, c'est là que je veux servir. C'est une arme dans laquelle il est particulièrement difficile de commander. La raison en est simple : jeune officier, j'aurai la charge d'emmener une quarantaine d'hommes, bien plus chevronnés que moi, au combat. Ma formation est très brève, trop brève : elle dure cinq mois à Saint-Cyr (mars à juillet 2004) puis un an à l'école d'application de l'infanterie (juillet 2004 à juillet 2005). Dans ma promotion, je retrouve Loïc dont j'ai été assistant de troupe scoute à Tours, Yann, le petit frère de Thibaut, et je fais la connaissance de Luc. Un mètre quatre-vingt-dix-huit, chaussant du 49, brun, Luc est physiquement mon « inverse ». Il est devenu mon binôme. On ne s'appelle pas par notre prénom mais par notre indicatif : « 22. » Nous avons le même ! Fils unique, sa famille ne connaît rien de l'armée, il ne doit sa vocation qu'à lui-même. Reconnu de tous, il aspire à servir dans les forces spéciales ou dans la légion étrangère. Un officier d'excellence. Cet homme est devenu mon frère. Nous partageons tout. Le jour de mon mariage, face à un auditoire de plusieurs centaines de personnes, il récita seul un discours plein de droiture et de preuves d'amitié.

Le jour de la remise de sabre, Charlotte est là, invitée par Yann. Et Luc remarque tout de suite que le fait de retrouver Charlotte me déstabilise. La cérémonie est émouvante : Papa me remet mon sabre, les larmes coulent sur ses joues, c'est le plus beau souvenir militaire de ma vie. Ensuite, je passe la soirée de gala avec Charlotte et nos amis communs. Et, dès le lendemain, décollage pour Montpellier pour un an de formation à l'École d'application de l'infanterie.

Quelques jours après mon départ de Saint-Cyr, Charlotte et moi commençons à échanger des textos. Puis, les premiers appels téléphoniques s'inscrivent dans notre quotidien. Ils durent des heures et nous parlons de tout. Ces longues discussions lui permettent de mieux me comprendre et de savoir qui je suis. Elle n'est donc pas étonnée d'entendre : « Tu sais, Charlotte, je ne veux pas d'une vie normale. » Je sens que cette alerte résonne dans son cœur et nous rapproche encore. Même à distance, nous percevons ce qui est en train de se passer. Et, sous prétexte d'une blessure, je monte à Versailles pour aller la voir. Le 16 juillet 2004, nos destins se lient à tout jamais. Mais personne, strictement personne, ne le sait. Nous passons plusieurs week-ends tous les deux, à nous projeter timidement et à être heureux, simplement. Lorsque nous officialisons notre relation auprès de nos amis, c'est le choc : « Pourquoi nous n'y avons pas pensé avant ? C'est tellement évident ! » Malgré tout ce bonheur, je suis réservé quant à l'avenir qui pourrait être le nôtre. J'ai une réelle anxiété de lui briser le cœur si nous devons nous séparer. Or, un matin, au réveil, dans ma petite chambre de Montpellier, je trouve la réponse. Au lieu de me poser la question : « Que vais-je vivre avec elle ? », je me suis posé celle-ci : « Que vivrais-je sans elle ? » Et tout est devenu évidence.

Ma première messe avec Charlotte

Avant la rencontre de Charlotte, qui changea ma vie, je n'avais pas toujours une pratique rigoureuse de la foi. Si la prière était très peu existante, il m'arrivait également de ne pas aller à la messe. J'espérais secrètement que la femme qui deviendrait mon épouse m'accompagnerait vers une pratique beaucoup plus saine et plus riche. Dimanche 18 juillet 2004, Charlotte et moi, très jeunes amoureux, partons à la messe à Notre-Dame-des-Armées à Versailles. L'église est déjà pleine lorsque nous arrivons. Nous sommes installés au fond de l'église et Charlotte me propose un missel que je refuse. À quoi bon, je comprends le français ! Depuis ma place, je vois à peine passer la procession qui me paraît interminable tant il y a d'enfants de chœur. Et là, le choc. J'entends une chorale à plusieurs voix somptueuse et pourtant composée de « simples » paroissiens. Ils chantent si bien que je ferme les yeux pour mieux écouter. J'ai le sentiment d'être perdu, frappé en plein cœur. Je ne sais pas ce qu'il faut faire ni dire, mais cela m'est égal. Je vis un moment incroyable, tout simplement. Je reste debout pendant toute la messe. Je ne veux pas rater une seule seconde de ce qui se passe sur l'autel. Chaque geste du prêtre et des enfants de chœur est précis et a un sens. Dieu est là. Il est dans les mains presque tremblantes de cet abbé qui l'élève à bout de bras. Rien n'est laissé à l'improvisation. Tout est fait pour que Dieu soit à sa place. Depuis ce jour, je vais en famille à la messe en rite extraordinaire[2]. La beauté de cette liturgie me porte, m'accompagne vers Dieu et me permet de l'aimer fidèlement de dimanche en dimanche.

Nos cinq marches avant notre mariage

Même si Charlotte et moi souhaitons nous marier très vite, notre marche vers le mariage est riche et longue. Il y a une vraie « montée » vers le mariage que nous vivons étape par étape.

15 août 2004 : le mariage n'est évidemment pas d'actualité. Pourtant, à Lourdes, priant la Très Sainte Vierge Marie,

---

2. Messe dite selon l'ancien rite en latin.

je glisse à l'oreille de Charlotte un timide « Je t'aime ». Il n'y a que la Sainte Vierge et nous deux qui entendons cette déclaration. Mes mots nous engagent devant Celle qui a dit « oui ».

Fin août 2004, à quelques minutes d'une séparation entre Montpellier et Versailles, alors que Charlotte s'apprête à grimper dans son TGV, je sens en elle une grande tristesse. Sans trop réfléchir à la portée de mes paroles, je lui dis : « Tu es la femme de ma vie. » C'est mon cœur qui parle. En une demi-seconde, je comprends la portée de ces mots et décide de les assumer totalement. C'est un gros risque car cela fait à peine un mois que nous nous fréquentons. Ces mots veulent dire deux choses : « Sois confiante, je partage ta vision de notre amour » et « Je prends le risque d'aller vite car cela te rend heureuse. Je parie sur ton bonheur. »

27 décembre 2004, cinq mois après notre premier baiser. J'attends Charlotte devant la propriété de ses parents en Auvergne vers 6 heures du matin. Réveillée par son frère (qui est dans la confidence) par surprise, elle arrive et je lui dis : « Suis-moi, nous allons prendre un petit déjeuner en haut du puy Saint-Romain au lever du soleil. » Vers 8 h 30, alors que la température avoisine les −5 °C, je lui demande de s'asseoir pour regarder la vue et m'attendre. Quelques minutes après, j'arrive en uniforme, me mets à genoux et lui demande sa main devant le soleil à peine levé. Je veux le plus beau pour elle que j'aime tant. Ensuite, nous fonçons à la messe et au restaurant pour fêter cela. Évidemment, toute la famille de Charlotte est rassemblée ce jour-là, ça, je ne l'avais pas anticipé. Je suis au centre de toutes les attentions des frères et sœur, des grands-parents, des parents, des cousins et des oncles et tantes. Tout le monde se doute de la

raison de ma présence. Mais avant de sortir le champagne, il me faut demander la main de Charlotte à son père. Tellement absorbé par ce que j'ai imaginé pour Charlotte, je n'ai rien préparé pour son père. Je suis terrifié à l'idée de cette démarche auprès de cet homme charismatique qui n'aurait pas eu de mal à me refuser la main de sa fille s'il ne m'avait pas senti à la hauteur. Une balade de dix minutes dans les bois à lui expliquer de façon interminable « le pourquoi du comment » et je lance ma demande. Il me répond « oui », un vrai « oui » clair et direct. En rentrant tous les deux dans « la vieille cuisine » où tout le monde nous attend, des grands cris de joie nous accueillent et je suis reçu par les embrassades de tout ce monde inconnu qui va devenir ma famille.

La préparation au mariage aura duré un an et demi. Nous allons voir l'abbé Grosjean pour lui demander de nous accompagner. Au début de notre démarche, nous ignorons l'expertise de l'abbé dans ce domaine. Nous découvrons chez lui une grande sagesse, une grande capacité à dire les choses avec vérité et une véritable connaissance de ce que vivent les jeunes fiancés d'aujourd'hui. Nous l'avons vu une bonne dizaine de fois et nous apprenons toujours de nos rencontres. Une phrase de ses enseignements aura un écho particulier dans notre vie : « Un jour, il ne vous suffira plus d'aimer, il faudra en avoir la volonté. » Ses paroles ont ensuite mûri dans l'épreuve. Nous apprenons aussi que l'amour se vit en actes, chaque jour. Non, les paroles ne suffisent pas, il faut savoir agir, avoir des attentions. Il faut agir l'un pour l'autre et aussi ensemble. Avoir la volonté d'aimer et aimer en actes sont les deux grandes leçons que nous recevons de l'abbé Grosjean. Nous les appliquerons tant bien que mal dans notre vie de couple mais cela nous sauvera.

L'Afghanistan. Une longue séparation de cinq mois au milieu de nos fiançailles. Pas de téléphone portable de mon côté. Il faut faire la queue devant deux vieilles cabines téléphoniques avec instruction de ne pas tout dire, en cas d'écoute. Si Charlotte me raconte son quotidien, moi, je ne parle pas beaucoup de cette mission tant elle est difficile et choquante. C'est l'occasion de mettre à l'épreuve nos fiançailles même si nous sommes très sereins sur notre capacité à nous aimer à distance. Nous nous écrivons beaucoup sur nos sentiments, nos projets et surtout notre amour. Si cette période est pour moi une grande épreuve, ce n'est pas le cas pour notre couple. Nos vies sont très éloignées mais nos cœurs, toujours aussi proches. Et quel bonheur de nous retrouver sur le quai d'une gare, après cinq mois d'absence, en nous rendant compte que rien n'a changé ! Du moins, c'était ce que l'on croyait à l'époque.

Le mariage

« Le plus beau jour de votre vie. » Je n'aime pas du tout cette expression. Des « plus beaux jours de ma vie », j'en ai tellement ! J'aime à croire que le plus beau jour de ma vie sera le jour de ma mort, ce jour où Jésus m'enveloppera de son amour et me libérera de toute maladie et de tout péché. Le jour du « grand bilan » – en espérant y compter un grand nombre d'actes de charité et d'humilité. Le jour où je pourrai dire à Jésus mon amour et le remercier pour tout ce qu'il m'a donné sur terre... à commencer par cette si belle femme en robe blanche qui apparaît devant moi, ce 27 mai 2006, en la Sainte-Chapelle de Vic-le-Comte. La joie est palpable dans le visage de chaque invité. Un seul absent : Papa. Lui qui se sent très diminué ne veut pas donner une telle image de lui. Je suis seul face à l'autel lorsque Charlotte traverse la nef au bras de son père. La luminosité des vitraux illumine son visage au fur et à mesure qu'elle s'approche de moi. Sous son voile, je perçois ses yeux bleu ciel qui m'ont fait succomber quelques mois auparavant. Elle me tend la main comme si elle devait monter sur mon navire et nous embarquons pour le sacrement qui va nous unir éternellement. Bénis par le baussant et le drapeau « Espoir et salut de la France » installés en haut du chœur, nous faisons face à notre cher abbé Grosjean avec lequel nous sommes devenus si complices. L'abbé dit une homélie renversante sur cette fameuse « volonté d'aimer » en prenant à témoin tous les couples de l'assemblée. Il nous redit que nous sommes prêts pour l'éternité à laquelle nous voulons souscrire. Comme elle se l'est promis, Charlotte se retourne vers son père avant de me dire « oui ». Façon pour elle de lui rendre hommage et de lui demander son accord pour la dernière fois. Sa fille allait devenir ma femme, passage de témoin entre lui et moi pour son bonheur. « Je promets de te rester fidèle, dans le bonheur et dans les épreuves, dans la santé et dans la maladie, et de t'aimer tous les jours de ma vie. » Tout est dit, la promesse est faite devant le Seigneur. Quoi qu'il arrive, notre amour est inscrit dans l'éternité.

Chapitre 3

MON RÊVE D'ENFANT, MON CAUCHEMAR D'ADULTE

À quarante-quatre ans, alors que je suis au calme dans mon bureau, loin de toute peur et de tout risque, il m'est très difficile d'écrire ce chapitre. D'une part, parce que j'ai passé des années à tout faire pour oublier cette période de ma vie. Il ne m'en reste donc que des souvenirs partiels, peut-être même faussés. D'autre part, parce que mon récit va écorner l'image du bon officier que certains pouvaient avoir de moi à cette époque.

Au milieu de l'année d'École d'application d'infanterie à Montpellier, le temps est enfin venu de choisir mon affectation. Je suis cinquième sur onze, pénalisé par une fracture de fatigue au tibia droit qui m'a immobilisé trois semaines en plein exercice dans le Larzac. Je rêvais de la Légion étrangère. Parmi les onze choix possibles, le 2e régiment étranger de parachutistes à Calvi. Mon rêve absolu. Nous sommes deux à en rêver : Luc, mon binôme, et moi. Luc était sorti major du classement, la question de cette affectation n'a donc pas lieu d'être. Pourtant, le soir où nous avons pris connaissance des places disponibles en régiment , vers 22 heures, au fond de « notre » pub, Luc me dit : « Tu es un frère, si tu veux y aller, vas-y, je t'offre ton rêve. » C'est indéniablement la plus belle preuve d'amitié que l'on m'ait jamais faite. Je ne réfléchis pas une seule seconde. Les larmes aux yeux, je réponds aussitôt : « Tu es le meilleur, va chez les meilleurs. En revanche, paye ta tournée ! » Je n'imagine pas gagner mon rêve d'une telle manière, ce n'est pas mérité. Mais, ce soir-là, cet ami qui me propose de changer sa vie pour changer la mienne devient un frère. Un frère pour un rêve, le bilan est gagnant !

« Lieutenant Bruneteau ! » « À vos ordres, mon colonel ! » Premier jour dans ma nouvelle affectation, le régiment de marche du Tchad, régiment des troupes de marine à Noyon. Face à moi, un chef de corps dont le regard ne laisse aucun doute sur sa droiture. Très charismatique, il me demande : « Bruneteau, le RMT était-il ton premier choix ? » Je lui réponds sans l'ombre d'une hésitation que non, mon premier choix était la Légion étrangère mais que je n'ai pas réussi à y servir, faute de classement suffisant. « Alors pourquoi as-tu choisi le RMT ? » « Mon colonel, j'ai l'honneur d'avoir choisi les RMT car les cinq compagnies de combat partent en opération extérieure (Opex) dans les trois prochains mois. Et c'est pour partir en mission que je me suis engagé. » Cet échange est « quitte ou double ». Je suis en train d'expliquer à un chef de corps que l'histoire et les traditions de son régiment me sont totalement secondaires et que je cherche tout bonnement à vivre le cœur du métier de militaire, l'Opex. Ce que j'aurais, de fait, trouvé dans n'importe quel autre régiment.

Le biais opérationnel

On me confie alors la section de combat la plus compliquée à commander : « Vert 2 », 2e section des dragons de la 4e compagnie du régiment. Départ en Afghanistan six semaines après mon arrivée. Le chef de corps m'avait offert sa confiance et m'avait donné ce que j'espérais le plus. Jusqu'alors, cette section avait été formée et commandée par le lieutenant Franck. Franck est un officier issu du rang, le seul officier des troupes de marine à avoir porté tous les grades entre celui de simple soldat et celui de lieutenant. À quarante-deux ans, il est l'un des meilleurs sportifs du régiment et également son lieutenant le plus décoré. À vingt-cinq ans – et avec à peine un an et demi d'expérience en école – me voilà à la tête d'une section que je dois conduire à la guerre. Mon style de commandement est forcément diamétralement opposé à celui de mon prédécesseur, je ne peux pas faire autrement. D'ailleurs, Franck n'est jamais bien loin de moi pour me prodiguer de bons conseils. Il me faut tout d'abord obtenir l'adhésion de mes cadres, en particulier celle de mon adjoint, en créant un climat de confiance réciproque. En effet, j'ai impérativement besoin de lui pour commander. Mais je comprends très vite que mes cadres, sous-officiers « n'ont pas été éduqués comme cela ». Quant à mon adjoint, il sait obéir mais n'arrive pas réellement à adopter sa posture d'adjoint. Il est trop proche des hommes de la section pour user d'une vraie autorité. Et puis, pour lui, le chef de section doit tout savoir, il n'a jamais eu affaire à un jeune lieutenant.

Je suis donc seul à commander. La solitude du chef, partout, tout le temps. Face à une section de combat, on ne peut pas se cacher derrière le verbe, il faut des actes, de l'exemplarité. Lorsque je me trouve face à mes quarante soldats, je sens bien qu'ils ne savent pas trop quoi penser de moi. Mais le soldat ne rentre pas dans ce genre de considération, il veut « un chef ». Un chef qui décide, qui soit exigeant, juste et meilleur que lui. Alors, très vite, je prends conscience de mes deux grands défis pour les six mois à venir : gagner l'adhésion de ma section et combattre l'ennemi. Et ces défis, aussi complexes l'un que l'autre, sont, bien évidemment, exacerbés en temps de guerre.

Le biais tactique

Mission PAMIR XIII, contrôle de foule et contrôle de zone : zone urbaine et zone rurale nord de Kaboul, quart nord-est. C'est la mission de « Vert 2 ». Indicatif de notre autorité : « Dragon ». Dragon est notre capitaine qui commande quatre sections de combat et une section de commandement. En arrivant en août au régiment, je prends en cours de route la préparation opérationnelle de notre mission en Afghanistan. Si l'histoire et le contexte géopolitique de ce pays nous sont précisément expliqués par un expert du pays, notre mission nous paraît en décalage avec ses propos. Certes, la présence des talibans dans le pays n'est pas exclue mais elle est presque secondaire. Nous partons là-bas pour gérer de possibles manifestations dans Kaboul, à l'image de ce que font les CRS en France, et pour « assurer le calme » dans les zones rurales et urbaines affectées. Nos règles d'engagement, avec le recul des années, sont improbables : nous n'avons pas le droit d'ouvrir le feu sans avoir été précédemment accrochés. Ces règles d'engagement s'expliquent par la présence à nos côtés de la police et/ou de l'armée afghane censées être en première ligne en cas d'accrochage. Après six mois de mission, je les aurai beaucoup plus vu reculer qu'avancer ! Quant aux talibans, ennemis invisibles, ils firent couler le sang à plusieurs reprises.

Lorsque nous sommes arrivés en Afghanistan, à la fin de l'été 2005, 45 °C à l'ombre, à peine la moitié de nos véhicules étaient blindés et nous ne portions pas toujours de gilet pare-éclat. À la fin de notre mandat, à l'hiver 2006, –20 °C, nous sommes tous équipés de VBL (véhicules blindés légers) et de VAB (véhicules de l'avant blindés). Ce changement d'équipement était lié au changement de situation tactique vécu lors du mandat. Nous sommes partis pour quatre mois et nous sommes rentrés cinq mois et demi plus tard ! Durant cette période, la compagnie est passée d'un monde à l'autre, d'une opération estivale de contrôle de zone à une mission de combat hivernale : un enfer sur terre au « cimetière des empires ».

Le biais stratégique

« Un jour, tu partiras et nous reprendrons le pouvoir. Tu nous laisseras même ton matériel ! Tu sais pourquoi ? Parce que nous avons une chose que vous n'avez pas : le temps. Nous, nous attendons notre moment ! » C'est un imam qui me dit cela lors d'une patrouille dans le nord de la ville. Ses mots font tout de suite leur effet : ils installent le doute. À quoi sert ma présence ici ? Nous sommes dans un pays tribal, dont l'armée et la police fuient à la vue du moindre taliban, un pays dans lequel l'ennemi se fond dans la masse. Si l'origine de notre engagement en Afghanistan est louable et compréhensible, la stratégie politico-militaire ne tient pas la route. Comment mettre en place une démocratie dans un pays tribal et corrompu, avec des structures étatiques qui ne sont pas solides (armée, police, justice…) ? Comment le faire tout en négligeant le pouvoir d'influence des talibans et de leur religion ? Tout cela est une hérésie. Cette guerre est perdue d'avance et je le comprends très vite. J'ai le sentiment d'être Don Quichotte. Au bout de deux mois à peine, cette question me ronge. Quel est le sens de ma mission ? Pourquoi risquer ma vie ? La réponse vient le 15 août 2021 lorsque les talibans reprennent le pouvoir. Par la même occasion, ils font main basse sur des milliers de blindés et des tonnes d'armements et de munitions en tout genre. Les talibans ont une arme stratégique que nos chefs militaires et nos politiques n'ont pas : le temps ! À ce niveau de décision pourtant, on ne peut pas l'ignorer.

La mission

Douchanbé, capitale du Tadjikistan. C'est dans cette ville improbable que je vis la première ébauche d'aventure. L'odeur goudronneuse de sa piste d'atterrissage, la chaleur écrasante et l'omniprésence de sable. Ce souvenir est bref, souvent anodin pour les militaires rompus aux opérations extérieures. Mais, pour le jeune officier que je suis, c'est une première, ma première. Ce transfert entre un avion civil venu de France et un Transall C-160 à destination de Kaboul est le premier pas dans l'aventure. Je ne serai plus jamais le même après cette opération extérieure. Une frontière entre deux vies.

Après avoir inhalé une grande bouffée de kérosène, j'entre dans la soute arrière de cet avion gigantesque dénué de tout confort. Mes hommes me suivent, faisant tous mine d'être habitués. Pourtant, cette opération extérieure est bien la première pour les trois quarts de ma section dont l'âge moyen ne dépasse pas vingt ans. En réalité, nous avons tous très peur de ce qui nous attend. Peur du vol, peur de l'atterrissage, et surtout peur de ce qui se passera après. Cet avion nous emmène bien vers un autre monde.

Malgré le manque de visibilité sur l'extérieur, il est aisé de savoir lorsqu'un avion militaire arrive à destination. Une plongée à pic, puis l'avion se redresse et penche sur sa droite. L'explosion forte des leurres anti-missiles nous surprend, puis c'est l'atterrissage. Cette expérience est bénéfique pour la troupe. Plus personne ne peut cacher ses sentiments ; de ce fait, la cohésion prend le dessus. Un sourire, un regard complice, un souffle, un clin d'œil… À ce moment-là, je comprends que la peur sera fédératrice.

Après avoir débarqué, tout va très vite. Tellement vite que je ne garde que de brefs souvenirs de mes premiers jours à Kaïa, l'aéroport de Kaboul dans lequel nous vivons. La relève entre le 35e régiment d'infanterie et nous, l'installation précaire dans les « algecos », la découverte du camp international, le savoir-être en Opex... tant de choses à maîtriser. Lorsque l'on est jeune officier, il est bien difficile de tout savoir. Deux mois auparavant, j'étais encore en école en train d'apprendre les rudiments du combat d'infanterie ! Et me voilà à l'autre bout du monde, à la tête d'une quarantaine d'hommes qui attendent tout de moi. D'une certaine manière, ils attendent même de moi l'expérience que je ne n'ai pas. Et mes pairs, absorbés par leurs propres missions, ne sont pas souvent à l'écoute. Sauf Franck, parti avec nous aux commandes de la section d'élite du régiment (la SAED : section d'aide à l'engagement débarqué). Les premiers jours sont très durs, tout comme ceux qui vont suivre.

Notre premier mois à Kaboul est relativement agréable, dépaysant mais aussi déstabilisant. Déstabilisant en raison de la pauvreté, des innombrables cicatrices de trente années de guerre : des immeubles criblés de balles, des personnes amputées et aussi l'omniprésence de cette religion musulmane poussée à son extrême. Kaboul est une capitale, donc très dense, avec des quartiers riches et d'autres très pauvres. La ville est encerclée par des bidonvilles insalubres. La circulation est complètement folle, aucun code de la route, souvent pas de permis de conduire, de voitures à contre-sens, beaucoup d'accidents.

Premiers attentats

Je ne me souviens plus du nom de ce point d'observation en plein nord de Kaboul. À l'image d'un puy auvergnat, nous pouvons nous y rendre en véhicule. En haut de cette colline, une petite maison de trois pièces, dénuée de tout, nous sert de point d'observation. Le balcon, surmonté d'une cinquantaine de sacs de sable, nous permet d'observer toute la ville. Une fin d'après-midi, en mission avec l'un de mes quatre groupes de combat, je m'y repose dans la pièce du bas. Soudain, un bruit énorme, une grande déflagration qui fait trembler le mur contre lequel je suis adossé. J'entends hurler : « Mon lieutenant, mon lieutenant ! » Je monte sur la terrasse et aperçois un énorme champignon de fumée noire. Il me faut une minute pour reprendre mes esprits et comprendre. Je rends compte à la radio. J'écoute la radio et les comptes rendus de la section d'alerte qui se rend sur les lieux. Je fais un tour d'horizon, tourne le dos à la ville. Une nouvelle déflagration ! Les jumelles scotchées aux yeux, le chef de groupe s'écrie une fois de plus : « Mon lieutenant, mon lieutenant ! » Cette fois-ci, je lui laisse la paire de jumelles, prends la carte et lui demande la position exacte de cette deuxième explosion. Il est rompu aux Opex, c'est mon meilleur chef de groupe. Et l'inimaginable arrive : une troisième explosion, même violence, même choc. La stratégie de ce triple attentat est simple. Premier attentat à l'ouest en guise d'appât et les deux autres pour toucher les forces situées à l'est, empruntant forcément l'axe pour se rendre sur les lieux. La stratégie du surattentat. Cette fois-ci, les forces françaises et étrangères s'en sortent sans encombre. Pour moi, il s'agit d'une première expérience des attentats, une expérience « lointaine » au vu de ce que j'allais vivre avant la fin de notre mandat.

La peur d'exploser

La plupart des véhicules piégés sont des taxis jaunes. Il y en a tellement dans la ville que ce camouflage les rend impossibles à identifier. Rassemblement à 8 heures, le capitaine annonce : « Aujourd'hui, renseignement Alpha unité (80 % de véracité) : attentat sur l'axe rouge entre 15 heures et 18 heures ». Tout le monde sait à quoi s'en tenir. Ma section est de repos, nous ne risquons pas grand-chose !

À 14 heures, je suis convoqué dans le bureau du capitaine :
– Bruneteau, prends un groupe de ta section et va chercher un lieutenant-colonel à Warehouse, le camp américain.
– Reçu mon capitaine, mais Warehouse est sur l'axe rouge et le temps que mes hommes se préparent, il sera 15 heures.
– Je sais, Bruneteau, mais cette mission est prioritaire.
– On ne peut pas attendre 18 heures ?

– Non.

Des chefs de section auraient peut-être refusé cette mission et je vois dans les yeux de mes hommes qu'ils auraient voulu que je le fasse. Je sens un énorme stress dans les rangs du groupe qui va m'accompagner. « Je serai en tête avec mon petit véhicule, vous me suivrez avec le blindé. Le dispositif sera le plus léger possible. Uniquement deux véhicules, le mien et le vôtre. » En disant cela, je fixe des yeux mon pilote. Je le sais fatigué et apeuré par le mode de déploiement choisi, plutôt classique : le chef devant ! Nous partons vers 15 heures. À 500 mètres de Warehouse, mon pilote et moi apercevons un taxi qui déboite, se met face à nous et accélère à une vitesse folle. Mon pilote tend les bras sur son volant pendant que je m'accroche au tableau de bord et simultanément nous hurlons pendant deux longues secondes. À dix mètres de nous, le taxi se rabat sur l'autre voie… Énorme frayeur. Nous récupérons rapidement le lieutenant-colonel, et rentrons à l'aéroport de Kaboul, notre maison. Cet événement pourrait faire sourire bien des gens mais il relate un climat de peur permanente. Le soir même, à la popotte, mon pilote en est à sa quatrième bière. Je m'accoude au comptoir et lui suggère de poser cette dernière bière, celle de trop. Me regardant, les yeux lourds de larmes, il me dit : « Mon lieutenant, je n'en peux plus d'avoir peur. » « Je te comprends. Pas de grade face à la mort. Prends soin de toi, j'ai besoin de toi. » Nous parlons trente minutes, il n'y a pas de grade durant cette discussion. Nous buvons ensemble la quatrième bière de trop et partons nous coucher.

Fresh Water

Plus la mission avance, plus les attaques des talibans se répètent. Des attentats, des tirs de roquettes mais jamais de combat « face à face », du moins pas dans notre secteur. La mission Fresh Water se déroule à l'arrivée de l'hiver. Elle consiste à enrayer les actions des talibans qui ne cessent de lancer des roquettes sur la ville à partir des plaines du Nord. Ces roquettes frappent à l'aveugle et peuvent parcourir jusqu'à 30 kilomètres. Même sur notre base, à l'aéroport, nous ne sommes pas à l'abri. La peur est un sentiment permanent ! Alors que je suis en patrouille avec l'un de mes groupes de combat, Dragon me contacte :

– Vert 2, ici Dragon.
– Vert 2, j'écoute !
– Vert 2, suite à un renseignement d'une équipe spécialisée, vous devez vous rendre au nord de la vallée de la Shamali pour récupérer des roquettes sur un site de lancement taliban.

Je comprends tout de suite que cette mission sera difficile et périlleuse. La nuit tombe et nous n'avons pas de carte d'état-major de l'endroit où l'on me demande d'aller. La première partie de la mission qui consiste à nous rendre sur la zone de lancement est aussi dangereuse que notre mission sur place. Il nous faut trois heures, dans la nuit noire, à l'aide d'un vieux GPS numérique (deux simples colonnes de chiffres en guise de carte) pour trouver l'endroit. La vallée est un vrai gruyère, des précipices partout. Plus d'une fois, nous risquons l'accident de véhicule blindé. Et ce genre d'accident peut très rapidement être mortel. Je ne suis pas à l'aise, déstabilisé entre le terrain et la radio qui ne cesse de me demander où nous en sommes. L'impatience de l'état-major qui n'a pas pris la mesure du risque du trajet est insupportable. Il m'arrive de paniquer lorsque je perds de vue les phares des véhicules de ma section dans mon rétroviseur. Pour l'état-major, ce n'est que la seconde partie de la mission qui compte. La radio ne cesse de me demander quand nous arrivons sur zone. Mais comment répondre avec deux lignes de chiffres et un désert de précipices devant moi ? Le terrain est mon ennemi et la radio ne l'a pas compris. Arrivés sur place, nous sommes en plein milieu d'un cirque montagneux, la pire des configurations. En ouvrant la porte de mon véhicule, je tombe sur une vieille mine antipersonnel éclatée, le message « sens interdit » des talibans. Nous sommes donc immobilisés, apercevant les roquettes au loin. Pris au piège. Nous observons sans cesse le haut des collines avec nos jumelles thermiques. Deux petits points blancs très éloignés y apparaissent deux heures après notre arrivée, signe que nous ne sommes plus seuls. Et puis, plus personne. Nous n'attendons plus qu'une chose : les renforts. Ils arrivent quelques heures plus tard : une section de combat, l'équipe de renseignement et les démineurs. Tout le monde se met à l'œuvre pour déminer et récupérer ces deux roquettes de plusieurs mètres de long. À ce moment-là, alors que le jour se lève, il est temps pour nous de rentrer à la base. La mission se termine sans nous mais, malgré tout, j'ai le sentiment du devoir accompli. De retour, c'est ce sentiment que je veux partager avec Dragon, mon chef, lorsqu'il me dit : « Va voir le chef des opérations, il te demande au PC. » Le chef des opérations me sanctionne de dix jours d'arrêt avec sursis pour manque de compte-rendu sur cette opération. C'est une punition administrative, une tache sur mon dossier.

L'état-major n'a pas apprécié mes silences lors de ma périlleuse progression vers le site de lancement de roquettes. Je ne comprends pas, je ne dis rien, je signe le bulletin de sanction sans broncher face à un homme qui est resté au chaud derrière sa radio. Je suis trop fatigué, personne n'est là pour m'aider. Cette sanction, ressentie comme profondément injuste, a un effet négatif sur le jeune officier que je suis. Je vais poursuivre ma mission seul, je suis à vif. À moi d'être juge de ce dont je dois rendre compte, à moi d'interpréter les ordres et à moi de communiquer ou non mon avis, mes sentiments, mes traumatismes. Le commandement ne croit plus vraiment en moi, je ne vais plus croire en lui.

Un attentat contre la France

Dans l'organisation des forces françaises, il n'y a évidemment pas que notre compagnie d'infanterie. État-major, service de santé des armées, actions civilo-militaires, supports logistiques, maintenance… et un escadron léger de cavalerie composé d'une quinzaine de véhicules blindés légers. La liberté de manœuvre de cette unité est grande, voire totale. À l'affût de ce qui se dit à la radio, l'escadron de cavalerie bondit à chaque alerte. L'escadron est plus léger, plus rapide et plus agile que nous. Souvent, lorsque notre section d'alerte est déclenchée, « la cavalerie » est déjà sur place.

Vers le milieu du mandat, sur l'axe nord-ouest de la ville, l'un de leurs véhicules blindés légers explose sur un IED (*Improvised Explosive Device*). Un IED est une bombe artisanale, camouflée par un objet insolite (voiture, amas de terre, landau, carriole…) et souvent placée aux abords d'une route, prête à exploser au passage d'un véhicule militaire grâce à une télécommande artisanale. Alors que je suis d'alerte, je vais à peine prendre mes ordres quand je vois une bonne dizaine de véhicules blindés légers partir sur les lieux de l'attentat. Je pense aux blessés pour qui les secondes à venir sont vitales. De mon côté, il me faut récupérer le véhicule blindé sanitaire du service de santé des armées puis décoller au plus vite. À mi-chemin, le véhicule blindé sanitaire tombe en panne au milieu de la route. Pile à ce moment-là, un dernier véhicule blindé léger de l'escadron s'arrête devant nous, embarque le médecin et sa trousse d'urgence et fonce sur les lieux de l'explosion : deux militaires polycriblés, dont un qui frôle vraiment la mort. C'était cela, notre quotidien en Opex, une menace de mort permanente avec des moyens matériels obsolètes. Heureusement que la guerre est d'abord faite par des hommes ! Et « mes hommes » tenaient le coup.

Le visage du diable

Je ne partage plus mes états d'âme, même quand le pire arrive. Il y a eu beaucoup d'attentats mais celui-ci est le plus dur. Toutes les armées présentes en Afghanistan ne sont pas destinées à « faire la guerre ». Les Belges gardent les infrastructures militaires et les Espagnols font de « l'action civilo-militaire ». Mi-humanitaire, mi-force de renseignement, leur mission est de gagner la confiance de la population. En distribuant des fournitures scolaires, des vêtements, des meubles, les Espagnols peuvent aussi récolter des renseignements de plus ou moins grande importance. Ce jour-là, les Espagnols sont partis livrer des jouets en véhicule blindé.

Leur véhicule explose littéralement. En tant que section d'alerte, nous arrivons rapidement sur place. Je comprends tout de suite que les médecins ne pourront rien faire. Quand je sors de mon véhicule blindé, l'horreur m'attend, l'odeur est épouvantable. Le véhicule encore brûlant est complètement explosé. Et face à nous, deux corps déchiquetés. Il faut maintenant arrêter de réfléchir et rendre compte avec sang-froid de la situation. L'un des deux se trouve dans une position horrible. Je prends l'initiative de donner une posture convenable à cet homme qui vient à peine de donner sa vie. Je prends sa tête en regardant vers l'horizon puis demande à l'un de mes hommes de le saisir par les jambes. Nous nous regardons fixement dans les yeux pour ne pas voir ce que nous faisons. Le corps est trop lourd et je me retrouve avec la tête à demi-arrachée dans les mains. Je vois de la chair, la peau grise brûlée, des dents cassées, des os et du sang couler. Je réussis à ne pas vomir mais je tremble. Je tourne le dos à mes hommes pour souffler deux minutes. Impossible de réciter une prière, je ne me souviens même plus du *Notre Père*. Je me dis : « Il faut que je rentre en France, il faut que je rentre en France. » Et puis, je reprends mes esprits, nous sommes relevés et rentrons à l'aéroport. Cet attentat est le seul souvenir précis que je garde de mon Opex. Dans le visage de cet homme, j'ai vu celui du diable.

Un retour difficile

Au retour de cet enfer, nous avons trois semaines de permission. Avant ce départ en permission, je m'attache à demander à chacun de mes hommes un retour de son expérience pendant cette Opex. « Comment penses-tu aller ? » J'ai tout entendu, mes soldats sont fatigués par cinq mois de peur permanente. À cette époque, il n'y a pas de suivi psychologique. Seul compte le fait de rentrer en vie. Ainsi, mis à part ma famille, personne ne me demande comment je vais. J'ai pourtant cette image de l'attentat en tête en permanence et je cherche à la lancer bien loin, bien fort, comme un boomerang. Facile à dire... Le quotidien français revenu, il m'arrive à plusieurs reprises de sauter sous une voiture pour me protéger d'un gamin qui lance un pétard ou du fort claquement d'un pot d'échappement de moto. Et, surtout, les cauchemars pendant presque quatre ans et l'alcool en guise de somnifère. Quelques mois après notre retour, le jour de sa passation de commandement, Dragon est le seul décoré de la Croix de la valeur militaire notamment pour son engagement dans Fresh Water. Goût très amer pour moi qui ai été sanctionné. Ce capitaine, seize ans après cette Opex, viendra à mon secours pour que j'obtienne le statut de « blessé de guerre ». Sans hésiter, il témoignera sans équivoque de ce que j'ai vécu en Afghanistan. À l'été, je change de capitaine et de colonel.

Fin de parcours chaotique

Ma deuxième année commence bien : nouveaux chefs, nouvelle vie. Mais j'ai tout lâché, j'ai « pété les plombs » au bout de trois mois. Pourtant, je commande enfin très bien ma section et nous avons d'excellents résultats, en particulier opérationnels. Mais je suis totalement à côté de mes pompes, usé par le manque de sommeil. Devenu « chef de bande », j'ai gardé mon état d'esprit rebelle à la suite de ma sanction en Afghanistan. Très indépendant mais surtout trop incommandable. À la suite d'une évaluation opérationnelle parfaitement réussie, j'embarque ma section au fond d'un bar pour fêter cela. Nous rentrons tous dans un état pitoyable, moi le premier. La sanction est lourde, méritée et immédiate : mutation en interne dans les bureaux de l'état-major et mutation dans un autre régiment en fin d'année. Ces derniers mois au régiment de marche du Tchad sont horribles ! Au mois de mai 2007, j'apprends ma mutation au Centre national d'entraînement commando à Mont-Louis dans les Pyrénées-Orientales, à 1 600 mètres d'altitude. Je quitte donc le régiment sans faire de bruit, en gardant comme seul bon souvenir le soutien de mes camarades lieutenants. En refermant le lourd portail du régiment, je pense aussi tourner la page de l'Afghanistan. Mais le boomerang est encore en vol !

Chapitre 4

LA FOI PRÉCÈDE, L'INTELLIGENCE SUIT

Voilà deux ans que nous sommes arrivés à Mont-Louis. Mon travail me passionne et nous avons une vie très saine. Je me reconstruis petit à petit et la fréquence des cauchemars afghans diminue. Charlotte est enceinte, nous attendons un deuxième fils : Martin. Tout va bien, je reprends la maîtrise de ma vie d'un point de vue familial, professionnel et spirituel. Nous habitons à soixante-dix kilomètres de Perpignan où vivent mon frère aîné Frédéric, sa femme et leurs deux filles. Grande joie même si nous ne les voyons pas beaucoup. Mais je suis toujours très heureux de revoir mon frère que j'aime tant. Je n'imagine pas alors le drame horrible qui va avoir lieu en ce mois de septembre 2008, sans que personne l'ait vu venir.

Comment parler de Frédéric ? Frédéric, mon frère aîné que j'aime et que j'admire tant. Je me souviens… Dans une petite chambre à l'École des sous-officiers d'active (ENSOA), le jeune élève sous-officier Frédéric Bruneteau lit et relit ce livre *Mission oxygène*, livre témoignage sur la mission des nageurs de combat de la Direction générale de la sécurité extérieure (DGSE). Cette opération de minage du *Rainbow Warrior*, le bateau amiral de l'association Greenpeace, il la connaît par cœur. C'est son rêve absolu : devenir nageur de combat. Il a enfin trouvé sa voie. Pour une fois, ce jeune homme se trouve en tête de classement alors qu'il a passé ses dix-huit dernières années en échec scolaire, à être le « raté de la famille ». Comment est-ce possible ? Simplement parce que mon frère porte en lui des qualités hors normes et que cela, tout le monde ne l'a pas compris. Pas même ses propres parents ! Artiste, il est particulièrement doué en dessin et en photo. Intelligent, il est capable d'apprendre l'hébreu avec des cassettes audio. Et surtout, il porte en lui une hypersensibilité qui se traduit par une grande générosité, mais aussi par une grande impulsivité. Il absorbe donc chaque événement avec beaucoup d'affect, souvent beaucoup trop. C'est un homme d'instinct. Enfin, il aime le risque, l'adrénaline. Il n'a peur de rien, quitte à mettre sa vie en jeu. Cet enfant, mal-aimé parce mal compris, coche peut-être toutes les cases d'un haut potentiel intellectuel (HPI). Il en a toutes les caractéristiques. Mais, en 1969, l'année de sa naissance, ces considérations n'ont pas pignon sur rue. Cet enfant doit se plier au système. Le 7 août 1989, Frédéric sort classé deuxième sur plus de 400 élèves sous-officiers. Il est aussi élève d'honneur, de la 132e promotion de l'ENSOA, la promotion « Sergent-chef Richert ». Enfin une réussite ! Enfin la fierté de son père ! Et surtout, enfin la liberté, pour lui qui a vécu en internat dès l'âge de douze ans. Quelques années plus tard, il deviendra aussi « Peter », agent du service Action de la DGSE. Je ne connais pas Peter et je ne cherche pas à le connaître. Frédéric me suffit, je l'aime déjà tant !

Berlin, septembre 1989, la ville est coupée en deux. Frédéric choisit cette affectation, la plus sensible de l'époque. Les deux blocs, les deux mondes s'affrontent encore. Personne n'imagine que la chute du Mur est une question de jours et celle de l'URSS, une question de mois. Mais Berlin-Ouest, là où est stationné le 46e régiment d'infanterie

(46e RI), est rempli de bars, de boîtes de nuit. Frédéric brûle la vie par les deux bouts. Le 9 novembre de cette même année, la chute du Mur. Frédéric et l'un de ses copains prennent l'initiative de passer à l'Est pour photographier les casernes russes. Il n'y a plus rien, plus rien du tout. Après avoir lui-même développé la pellicule photo, il demande un entretien à son colonel. Bluffé mais furieux. « Bruneteau, qu'est-ce que tu es allé foutre là-bas ? » Personne ne saura jamais ce que sont devenues ces photos mais il est très probable qu'elles aient rapidement atterri sur le bureau de l'officier traitant de la DGSE, à l'ambassade. 1991, fin de la *Perestroïka*, Berlin se pacifie, l'ennemi s'éloigne, à bout de souffle. Alors, le temps devient long dans cette caserne. Le moment le plus intéressant de la journée, c'est la nuit ! La fréquence des sorties et des nuits blanches s'accélère. Frédéric sort avec excès, dépense sa solde en dix jours, dort de moins en moins. La belle vie, trop belle pour être saine. Il est temps pour lui d'en changer.

Trois ans avant la dissolution du 46e RI en 1997, Frédéric est muté à Pamiers. C'est encore un pas de plus vers son rêve puisqu'il devient parachutiste et arbore fièrement le célèbre béret amarante. Le 9e régiment de chasseurs parachutistes est donc stationné en Ariège, loin de tout. Ce genre de régiment est l'une des portes d'entrée vers les services de la DGSE. Frédéric bascule d'une capitale à un village. C'est pourtant dans cet endroit, loin de tout, qu'il vit ses plus belles années. De vraies amitiés, une pratique de la foi plus régulière et une meilleure hygiène de vie. Il se prépare sans doute, sans le savoir, à cette rencontre avec Gaëlle, le 18 avril 1996. Venue de Poitiers pour un séjour en Ariège, une vraie complicité s'installe entre eux très rapidement. Ils sont d'accord sur tout, ils rigolent de tout et ils aiment tout faire ensemble. Une bonne bouteille sur la table, les soirées s'éternisent dans le canapé au coin du feu. Frédéric tombe définitivement sous le charme de cette femme au caractère très libre et à l'humour ravageur. Elle succombe à son caractère entier et à sa grande sensibilité. Leur foyer rayonne de joie et de tendresse. Ils ont tous deux une grande dévotion pour la Vierge Marie. La porte du « moulin », dans lequel ils habitent, est ouverte à tous. Ils se marient un an plus tard et emménagent temporairement à Saint-Mandrier, une presqu'île aux abords de Toulon. Dans la continuité du bonheur qu'il vit, Frédéric est en passe de décrocher son rêve. Il est à Toulon pour suivre « le cours nageur », neuf mois de sélection quotidienne intense pour devenir nageur de combat dans la DGSE. Par superstition, *Mission oxygène* a retrouvé sa place sur sa table de nuit. Ce livre lui rappelle la promesse qu'il s'est faite quelques années auparavant. Juin 1998, à deux semaines de la fin du stage, après avoir perdu dix kilos, Frédéric et son binôme, en pleine nuit, plongés dans l'obscurité de la mer, n'arrivent pas à poser une mine sur la coque d'un navire. L'exercice a échoué. La logique aurait voulu que son binôme, seul, soit exclu puisque responsable du minage. Mais Frédéric ne l'entend pas comme cela. Un binôme est indissociable. Il assumera donc les mêmes responsabilités et sera exclu de la même manière. Malgré l'insistance de ses instructeurs, Frédéric refuse de refaire le « cours nageur » l'année d'après. Il a sacrifié son rêve à son honneur. Après cet événement, il ne sera jamais plus le même. S'il assume sa décision, il n'arrivera jamais à vivre avec. Une part de son insouciance, de sa joie de vivre s'éteindra à tout jamais pour laisser place aux remords et à la mélancolie.

Je comprends à ce moment-là que Frédéric a changé de vie. Pourquoi a-t-il les cheveux longs alors qu'il est militaire. Pourquoi ne répond-il plus au téléphone ? Pourquoi ont-ils déménagé à Perpignan ? C'est un soir, au fond d'un bar, que Frédéric m'annonce l'existence de « Peter ». Peter, son pseudonyme, celui d'un agent du service Action de la DGSE. Après avoir fait « le cycle long », formation d'un an à la clandestinité, Peter travaille en tenue civile, entre Paris et les pays étrangers. Peter est un caméléon. En réalité, je ne suis pas très surpris par ce que Frédéric vient de m'annoncer. Même si la vie de « Peter » est passionnante, c'est surtout celle de Frédéric qui m'intéresse. Nous échangeons beaucoup sur la difficulté de vivre cette double vie, lui qui est devenue père de deux filles, Marion et Ève. Il est en permanence inquiet que ses absences, ses missions puissent affecter sa vie de famille. Je le sens torturé entre « un métier » qui le passionne et une famille qu'il aime plus que tout. Alors, il m'explique privilégier les missions courtes. C'est en Jordanie qu'il réussit sa première mission d'envergure. Il enchaînera les missions jusqu'à la mauvaise, celle qui n'aurait pas dû faire. Pour plusieurs mois, il est patron d'un bar à Mostar en Bosnie-Herzégovine. C'est un bar à plusieurs étages où les clients peuvent passer la nuit. Peter n'arrive pas à verbaliser ce qu'il a vécu, il me dit juste être resté fidèle à son mariage. Menaces, mafia, peur de mourir, identité dévoilée, personne ne saura jamais ce qui s'est passé… Voilà sa vie, sa double vie ! Après cette mission, les départs sont de plus en plus difficiles à vivre : parti pour deux mois, il peut rentrer au bout de deux semaines, ou encore, parti pour trois semaines, il peut rentrer au bout de deux mois. Sans coup de fil, sans lettre et sans nouvelles. Plus le temps avance, plus Peter vole la vie de Frédéric. Cette période de sa vie durera dix ans. Et après une affectation de deux ans à Orléans, Frédéric décide de mettre fin à la vie de Peter. Il quitte l'armée et le service Action. Il veut retrouver une stabilité familiale et aussi émotionnelle. Frédéric est allé trop loin et n'arrive plus à maîtriser ses gestes et ses émotions. Il va de crises maniaques en dépression. Il devient incohérent. Gaëlle ne sait plus quoi faire et ne le reconnaît plus. À l'été 2008, il est hospitalisé pour plusieurs semaines. Les médecins changent ses traitements en permanence. Frédéric n'arrive pas à se soigner et décide de quitter l'hôpital. C'est chez lui qu'il veut retrouver la sérénité.

Je suis en plein stage « instructeur commando », ce jour du 9 septembre 2008. Tout va très bien. Charlotte est alitée, sa mère est là pour nous aider. Mais, quand je rentre à la maison ce soir-là, je comprends tout de suite que quelque chose ne va pas. Charlotte m'attend, seule, sur le bord du canapé, le visage fermé et plein de peur. Je n'ai jamais vu Charlotte comme cela. « Marc, il faut que je te dise quelque chose : Frédéric est mort. » Je m'assieds lourdement dans un fauteuil et comprends tout de suite ce qui s'est passé. Je suis abasourdi, complètement KO. J'appelle Gaëlle, assis par terre, et lui propose de venir à son secours. Elle est entourée et me demande de venir le lendemain matin. Elle et moi nous apprêtons à vivre les pires jours de nos vies respectives. Avant de me coucher, terribles moments, je dois appeler mon frère Olivier et ma sœur Anne pour leur annoncer la nouvelle. Anne aura le courage de sauter dans un train le lendemain pour annoncer la terrible nouvelle à Maman.

Comme cela a dû être difficile ! Ce jour-là, il fait beau dans le centre de Perpignan lorsque je gare ma voiture à proximité de la maison de mon frère. J'aperçois Gaëlle, assise sur les marches, dans la rue, fumant une cigarette en pleurant. Un long moment de consolation, le calme avant la tempête. Gaëlle m'explique ce qui s'est passé. La corde d'escalade vert kaki est encore pendue dans le garage. Les pompiers comme la police sont catégoriques, il s'agit d'un raptus suicidaire. Un geste imprévu, une impulsion incontrôlable qui a amené Frédéric à se pendre et à mettre fin à ses jours. De prime abord, je ne crois pas à cette théorie puisque Frédéric aurait pris le temps d'accrocher cette corde. Le geste était donc prémédité. Or, Gaëlle m'explique que Frédéric avait organisé un « Cluedo » pour l'anniversaire de Marion et que cette corde était accrochée depuis quatre jours. Pour la première fois seul depuis plusieurs semaines, il était dans son garage, fumant une cigarette et recherchant sans doute quelque chose dans ses affaires. Puis il lève la tête, pose sa cigarette à peine fumée, la raison l'a totalement quitté, il est complètement seul face à cette corde et puis, il s'élance... Je pleure pendant une heure devant cette corde. Mais il me faut reprendre mes esprits pour seconder ma belle-sœur dans les tâches concrètes et pratiques qui nous attendent. D'abord aidé par un frère d'armes de Frédéric, nous brûlons toutes les affaires qui, de près ou de loin, concernaient son métier. Souvenirs de certains pays, passeports, pièces d'identité, documents d'instructions, une bonne dizaine de téléphones portables « 9 touches », clé USB avec antenne de transmission et bien d'autres objets dont j'ignore l'utilité. Frédéric, avant de quitter le service, avait gardé « trop » de souvenirs. Ensuite, les pompes funèbres, l'assurance, prévenir la famille et les amis, ramener son 357 Magnum à la police… Mais le pire nous attend. Assises sur le canapé, les deux petites filles guettent impatiemment des nouvelles de leur papa. Elles savent qu'il a eu un problème, c'est tout. Gaëlle annonce la terrible vérité : « Papa est mort. » Gaëlle, les filles et moi vivons le pire moment de notre vie. Ces deux petites filles innocentes voient leur monde s'écrouler. Je les entends encore hurler : « Non, Papa… Non, Papa. » Je suis terrifié, je n'arrive plus à dire mot. Dans mon for intérieur, alors que Gaëlle console ses filles, je me dis : « Quel gâchis, quel véritable gâchis ! » Comme je remonte tous les soirs à Mont-Louis, Charlotte est très présente pour me soutenir. Étant alitée, elle est contrainte de rester en base arrière et m'aide à prendre du recul sur les événements. À la veille de l'enterrement, il me faut aller voir Frédéric. Le corps sans vie de mon frère est sur une table roulante et, sans réfléchir, je baisse son col de chemise que je trouve trop remonté. C'est un moment d'effroi, je vois son cou bleu et fais un pas de recul. C'est la dernière fois que je vois Frédéric, je lui dis : « À Dieu. » L'église est à moitié remplie de personnes que nous ne connaissons pas. Je comprends mieux leur présence lorsqu'un ami me dit qu'un avion a été affrété de Paris pour que les collègues de Peter puissent venir de Paris et d'Orléans.

Don François, prêtre de la communauté Saint-Martin, m'accompagne dans l'acceptation de cet événement. « Personne ne sait ce qu'a dit ton frère au Seigneur dans les toutes dernières secondes de sa vie. » Et puis, je fais mienne cette devise de saint Augustin : « Crois et tu comprendras, la foi précède, l'intelligence suit. » Cette phrase a une grande vertu : abandonne-toi, place-toi sous le regard de Dieu et tu comprendras le moment venu. J'ai également reçu une autre belle leçon : à chaque fragilité, il sera de mon devoir de me soigner pour ne jamais en arriver à la même extrémité que mon frère.

Quatre mois après cet événement, je décide de partir en mission de renseignement dans un pays de l'Est pour me donner le temps de digérer la mort de Frédéric. Changement de nom, changement de grade le temps de cette Opex. Je suis chef d'une équipe de renseignement de trois militaires et travaille pour le groupement de recueil de l'information. Nous avons toutes les accréditations pour nous « balader » dans trois pays, de jour comme de nuit. Dans les endroits les plus lumineux comme dans les plus sombres, nous allons à la rencontre d'interlocuteurs bien identifiés pour capter du renseignement. Narcotrafic, armement, marché noir, corruption des forces armées... les sujets pleuvent, la mission est passionnante. Cette pause est bénéfique mais ne panse pas la plaie béante ouverte par le suicide de mon frère. Quinze ans nous séparent de cet inoubliable 9 septembre 2008 et ce n'est que maintenant, en 2024, que je trouve le courage d'appeler Gaëlle pour enfin reparler « des pires jours de notre vie », sujet que nous n'avions jamais plus abordé. Elle a maintenant refait sa vie. Marion et Ève se sont construites avec le souvenir d'un père aimant, hors du commun. Toutes trois sont heureuses. Du ciel, Frédéric les protège de son amour éternel.

Chapitre 5

CHANGER DE VIE

Septembre 2010, Mont-Louis. Je fais face à mon gestionnaire de carrière de l'armée de terre, venu de Paris pour rencontrer tous les officiers du centre. Deux possibilités s'offrent à moi : un renouvellement de contrat pour dix ans ou une dernière année de service actif suivie d'une année de reconversion financée par le ministère de la Défense. Puis un retour à la vie civile. Ma décision est déjà pratiquement prise mais, pour en avoir le cœur net, il me faut la confronter avec ce que l'institution militaire envisage pour ma carrière. D'un ton très direct, je demande donc :

– Mon commandant, comment l'institution me perçoit-elle et qu'envisageriez-vous si je reste dix années de plus ?
– Bruneteau, tu t'es refait une bonne santé au centre. Tu es désormais considéré comme un bon officier et bien noté. En revanche, tu es officier sous contrat. Tu vois cette pile de dossiers ? Tu n'es même pas dedans. Que ferais-tu ces dix prochaines années ? Je n'en sais rien, je quitte mon poste dans un an, je ne m'engagerai pas pour mon successeur.

Dure réalité des chiffres ! Mais c'est bien cette vérité que je suis venu chercher auprès de cet homme. Notre second entretien, le lendemain, dure deux minutes. « Mon commandant, je ne resigne pas. Je quitte définitivement l'armée dans deux ans. »

Je prends cette décision sans l'ombre d'une hésitation. Beaucoup de bonnes raisons s'entremêlent. Tout d'abord, j'ai reçu ce que je suis venu chercher d'un point de vue opérationnel et d'un point de vue humain. Les reconversions de mon père et de Fréderic, bien trop tardives, furent chaotiques et j'en ai fait les frais. Je ne veux pas suivre ces exemples. Ayant une consommation d'alcool excessive, je sais qu'il m'est impossible de devenir abstinent dans un univers où l'alcool est omniprésent. De plus, ma jeunesse, à 31 ans, est un atout majeur dans une démarche de reconversion que je vois comme une nouvelle aventure. J'ai envie de partir ! Enfin, la meilleure des raisons : je veux offrir une autre vie à ma famille. Un meilleur salaire, pas de mutation « subie », une présence quasi quotidienne à la maison et la possibilité de tourner cette page synonyme de tant de souffrances. À l'occasion d'une passation de commandement, le 25 juin 2011, je quitte les rangs, le plus discrètement possible, pour rentrer simplement à la maison. Lorsque j'enlève mon treillis pour la dernière fois, je suis seul face à moi-même. Cet acte marque concrètement la décision prise quelques mois auparavant. Je suis convaincu qu'une page se tourne. Une page de trente et un ans pendant laquelle l'armée a été omniprésente. J'ai vécu avec elle, le meilleur comme le pire. Ce que j'ignore ce jour-là, c'est que cette page ne se tournera pas. C'est un livre resté ouvert à tout jamais. La seule façon d'avancer est d'en écrire un autre. C'est cela, la vie d'un militaire.

La bascule

Je n'attends pas mon dernier jour sous les drapeaux pour préparer ma reconversion. Coaché de près par mon oncle Hugues, un ancien militaire reconverti en DRH au sein d'une grande compagnie d'assurances, je vais d'étape en étape. Si j'ai fait un bilan de compétences d'une trentaine d'heures, ce sont surtout mes échanges avec cet homme direct et expérimenté qui me font grandir. Comme un effet miroir, mon parcours professionnel est épluché puis réécrit pour déboucher sur un profil professionnel civil « vendable ». Comment « vendre » son expérience en Afghanistan ? Comment expliquer que le commandement n'est pas une simple affaire d'autorité ? Comment convaincre sur ma capacité d'adaptation dans un nouvel univers que je ne maîtrise pas ? Ces échanges débouchent rapidement sur un plan viable et structuré. La route est tracée, mais il reste encore beaucoup d'inconnues.

Septembre 2011, une vraie rentrée scolaire ! Dans la continuité de mes quatre années d'études en logistique, je commence un mastère spécialisé en *supply chain management* (gestion de la chaîne d'approvisionnement, gestion de la production, gestion des stocks et de la distribution). Un jeune métier passionnant, créé à la fin du XXe siècle, qui consiste à piloter de bout en bout une activité commerciale, industrielle ou encore de service. Deux semestres de cours suivis d'un stage de six mois. Mon objectif est clair : ces deux semestres doivent me permettre d'obtenir les notes suffisantes pour ne pas faire de stage. Charlotte et moi attendons Perrine, notre troisième enfant, il me faut donc un CDI, pas un stage. Le plan fonctionnera parfaitement !

Comment choisir une entreprise ? Après avoir rencontré une quinzaine de professionnels de la *supply chain* dans la grande distribution, l'e-commerce, le transport, le BTP, l'industrie, je suis perdu, je ne sais absolument pas où aller. Et une réflexion assez osée me permet de choisir sans l'ombre d'un doute. « Oublie le salaire, oublie les responsabilités, le principal en somme. Et pose-toi uniquement cette question : parmi les gens que tu as rencontrés, avec qui voudrais-tu travailler ? » Je voulais retrouver l'opérationnel mais aussi l'humain. Mon choix se porte sans hésitation sur Michelin où j'ai rencontré des personnes qui me parlent de leur entreprise comme d'un modèle de gestion des hommes. J'apprécie leur contact, elles sont ouvertes et honnêtes, c'est avec elles que je veux travailler. Par prudence, je ne postule pas que chez Michelin. En effet, mon plan est de décrocher un travail avant de postuler chez Michelin, histoire d'être beaucoup plus serein et détendu lors de la journée de recrutement chez « « Bibendum ». Après cinq entretiens de sélection, Michelin me fait une proposition le soir même. Dans un premier temps, le recruteur ne me propose ni un poste, ni une affectation. Il m'explique que mon profil les intéresse beaucoup et que le reste viendra ensuite. Clermont-Ferrand, site des Carmes (siège social), gestion de l'approvisionnement des pneus poids lourds rechapés. Charlotte est folle de joie à la perspective de vivre sur « ses terres », entourée de sa famille. Me concernant, fini les nuits blanches à me soucier de notre avenir, la bascule est enfin réussie !

Premier poste, premières réussites, premières difficultés

5 septembre 2012, mon dernier jour sous contrat de militaire et mon premier jour chez Michelin. Ma bascule est réglée comme une horloge. Contrairement à certains qui commencent leur carrière chez Michelin par un stage d'intégration de trois mois, je prends mon poste dès le premier jour. Étienne, mon manager, m'explique qu'il y a beaucoup d'attente sur le poste à cause de multiples ruptures d'approvisionnement des sept usines de rechapage de l'Europe. Il me donne un ordinateur avec code d'accès sur un petit Post-it jaune. L'ordinateur est celui de mon prédécesseur qui a quitté l'entreprise deux mois auparavant. Lorsque je l'ouvre, je tombe sur son CV : il est docteur en génie industriel et centralien. Qu'est-ce que je fais là ? Je fais tout pour cacher mes inquiétudes. Je dois absolument tenir jusqu'à la fin de la période d'essai ! À l'occasion d'un point de coordination, Étienne me dit : « Tu as toute ma confiance. Viens me voir quand tu as besoin. Et si tu fais des erreurs, ce sera à moi de les assumer. Tu as carte blanche, tout est cassé, il faut tout reconstruire. » C'est à ce moment-là que j'adopte une posture très opérationnelle : déplacements à répétition pour rencontrer mes interlocuteurs, téléphoner plutôt qu'écrire, pas de tabou sur nos échecs, création d'un réseau de pilotage basé sur la cohésion, agir, forcer le changement, ne pas avoir peur de l'échec et du conflit. Après deux ans et demi en poste et grâce à l'aide d'une grosse équipe d'ingénieurs, le réseau a construit une chaîne d'approvisionnement automatisée et optimisée. Un travail d'équipe remarquable qui aura duré 18 mois et couté 1,5 million d'euros. On me confie ensuite le pilotage stratégique, le pilotage tactique et la coordination du pilotage opérationnel de l'activité. Je suis

très heureux de ces nouvelles responsabilités ! Des années passionnantes à travailler aussi sur des sujets sociaux confidentiels de grande ampleur. Ces projets m'ont permis de me rendre compte du courage de notre « top management » et de la volonté de l'entreprise de faire passer les problématiques sociales avant tout le reste.

Durant ces cinq premières années chez Michelin, je suis « à fond », sur tous les sujets, partout en Europe, menant souvent trois réunions en simultané. Évidemment, je ne peux pas tout faire mais je veux être partout. Au fil du temps, je deviens de plus en plus brouillon, fatigué, je n'arrive plus à prioriser. Travailler en posture assise dix heures par jour est un réel calvaire pour un ancien militaire qui a toujours travaillé debout et à l'extérieur. Des réunions, beaucoup trop de réunions, dans lesquelles il faut peser chaque mot. Des indicateurs partout et qui changent tout le temps. Je réussis ce challenge mais au prix de mon bien-être. Ma consommation d'alcool augmente, mes journées durent dix-huit heures sans pause. Je ressens des changements d'humeur. Charlotte et les enfants passent après le travail, alors même que Blandine et Flamine, nées à dix-huit mois d'écart, sont arrivées à la maison. Nous sommes désormais parents de cinq enfants.

Ayant tiré la leçon de ce que j'ai vécu lors de la mort de Frédéric, je suis suivi par un psychiatre pour travailler sur mon mal-être et essayer d'arrêter de boire. Au bout d'un an, à la veille de son déménagement pour La Rochelle, celui-ci me dit de but en blanc en deux minutes : « Vous êtes sûrement atteint de troubles bipolaires. Vous ne buvez pas assez pour arrêter de boire. Et puis, êtes-vous certain d'avoir choisi la bonne femme ? » Quelle stupidité ! Je décide de rejeter en bloc tout ce que me dit cet homme. Charlotte est la femme de ma vie. Je ne bois peut-être pas beaucoup, mais je bois trop. Troubles bipolaires : comment donner du crédit à son propos après ce qu'il m'a dit sur Charlotte et sur l'alcool ? Pourtant, c'est seulement reculer pour mieux sauter... Tout se mélange et j'ai l'impression d'être une bombe à retardement. Je sens que je vais mal mais je n'arrive pas à comprendre pourquoi. En revanche, je sais que si je n'opère pas un grand changement dans ma vie, je risque d'exploser en vol.

Chapitre 6

LA RICHESSE DE LA PAUVRETÉ

Après cinq années de bons et loyaux services au sein du département des pneus poids lourds rechapés, il est temps pour moi de changer de poste. Trois opportunités s'offrent à moi : deux offres au siège social à Clermont-Ferrand qui me permettraient de prendre du galon et une autre, en usine, deux niveaux plus bas. Je consulte oncle Frantz, l'oncle de Charlotte, directeur de la zone Europe chez Michelin, et lui fais part de ma difficulté à choisir mon chemin. Avec un grand esprit de synthèse et une communication très directe, il guide mes pas : « D'abord, ne calcule pas plus loin que ton prochain poste, les organisations changent tout le temps, à une vitesse folle, et cela ne sert à rien. Et puis, surtout, va là où tu as vraiment envie d'aller car c'est à cet endroit que tu seras le meilleur. » Avec le consentement de Charlotte, je choisis la troisième opportunité : partir en usine à La Roche-sur-Yon pour être responsable *supply chain* de l'usine.

Retour sur le « terrain »

Les rumeurs de fermeture de cette usine vont bon train au siège social lorsque, en avril 2017, le directeur de l'usine m'appelle. Je le connais très bien puisque nous avons travaillé ensemble sur les grands projets dans mon ancien poste. J'aime beaucoup cet homme, Andrzej, un Polonais d'une cinquantaine d'années. Il est direct, efficace, expérimenté et perfectionniste. Le genre de personne avec qui l'on apprend sur tout, tous les jours.

« Marc, je cherche un responsable *supply chain* pour l'usine. L'usine est dans une situation très complexe, il faut que cette personne puisse "donner de la culture" aux organisations syndicales, leur parler de business, de coûts, d'efficience, de concurrence, de marché, de productivité… Il faut qu'elles comprennent tout pour être prêtes à toutes les éventualités. »

Retour aux sources

Une raison personnelle est alors bien plus importante à mes yeux que ce poste très excitant. Je veux aller en Vendée, là où sont mes plus beaux souvenirs, revenir aux sources pour « faire le point », garder ce que je veux et éliminer ce qui doit l'être. Cette balade dans le cœur des Sables-d'Olonne, quelques jours avant notre emménagement, est un électrochoc. Je m'effondre en larmes, les souvenirs de mon enfance remontent avec une certaine violence. Je me revois les pieds nus, la serviette de plage à l'épaule, entouré de mes frères et sœur. Les sensations ressurgissent, le bruit des embruns, l'odeur de la mer et la chaleur du bitume qui brûle au soleil. Et cette petite chapelle, Notre-Dame de Bonne-Espérance, où Charlotte et moi prions pour notre famille, en particulier pour mon père et pour Frédéric. Je suis heureux, simplement heureux, un sentiment de bien-être que je n'ai pas ressenti depuis des années. Nous emménageons en plein cœur du bocage à Sainte-Cécile à trente kilomètres « plein est » de La Roche-sur-Yon. La commune héberge L'Espérance, une école primaire mixte et les collège et lycée de garçons de la Fraternité sacerdotale Saint-Pierre. Nos garçons y sont très heureux, encadrés de près par des abbés à la vocation chevillée au corps. Nos filles, en maternelle, sont scolarisées dans la petite école privée du village. Nous vivons dans une belle métairie refaite à neuf, chargée de poutres, de cheminées et de moulures. Au bout du jardin, les vaches du voisin ruminent paisiblement. Nous vivons à deux pas du château du Moulinet où habitent Alban et Mathilde. Mathilde, l'une de mes anciennes amies tourangelles, devient rapidement, par amitié et par la force des événements, une confidente délicate et attentionnée pour Charlotte. Nous sommes maintenant installés et nous nous projetons au moins pour cinq ans. Un nouvel équilibre, moins sollicitant d'un point de vue social, se met en place.

La Providence

Trente kilomètres le matin, trente kilomètres le soir. Ces trajets en voiture sont souvent agréables, seuls moments où je me retrouve vraiment face à moi-même. Le matin, toujours la même réflexion teintée d'angoisse : « Marc, tu as mal au crâne, tu as trop bu, hier soir. Tu es alcoolique. » Le soir, toujours la même réflexion teintée d'impatience : « Reste-t-il assez de whisky ? Faut-il en racheter ? Vite, les enfants couchés, que je puisse boire un verre ! » En ce début d'année 2018, je tape timidement sur mon téléphone : alcoologue La Roche-sur-Yon. Deux noms ressortent. Je contacte le premier de la liste, le docteur François, qui me propose un rendez-vous dans les deux semaines. Je n'aime pas cette salle d'attente où de multiples affiches d'association vantant le combat contre l'alcool sont scotchées au mur.

Néanmoins, je sais que ma place est ici, sur cette chaise, à attendre anxieusement ce rendez-vous. Je suis angoissé. Que va-t-il encore m'arriver ? C'est mon tour. Un énorme sourire m'accueille dans ce petit cabinet de deux pièces. Je m'assieds face au bureau de François mais je ne le regarde pas. Mes yeux sont rivés sur le tableau de la Sainte Famille. J'ai envie de pleurer. Enfin, la Providence a fait son œuvre ! Ce premier rendez-vous a été l'occasion pour François de me connaître et de comprendre ma démarche. « Vous buvez trop. C'est indiscutable. Il est effectivement nécessaire de faire quelque chose. Mais il est urgent d'attendre notre prochain rendez-vous. » La volonté d'arrêter de boire ne peut pas venir du médecin. François avait donc besoin de temps pour comprendre mon alcoolisme et mettre à l'épreuve ma volonté d'être abstinent. « Comment envisagez-vous votre relation à l'alcool ? Un verre de temps en temps ? L'abstinence totale ? Êtes-vous prêt à vider tout l'alcool qu'il y a chez vous ? Que pense votre épouse de votre démarche ? » J'ai choisi, avec la bienveillance de Charlotte et de François, de cheminer vers l'abstinence totale. Je me connais très bien, je suis entier : aucune autre politique ne pourrait fonctionner que le « zéro alcool ». François me prévient : « Marc, le chemin de l'abstinence totale passe par des rechutes. » Je suis fou de rage à l'écoute de cette phrase que je trouve si pessimiste et si dure à entendre. À peine les premières victoires devaient-elles s'enchaîner que mon thérapeute envisage déjà la défaite. Mais, en réalité, son message n'est pas : « Tu vas te planter » mais plutôt : « Ce chemin demande de la prudence, apprête-toi à devoir rebondir. » Charlotte est fière et heureuse de ce début de chemin vers l'abstinence. Elle vient d'ailleurs en consultation avec moi. Elle fait la connaissance de François et ne cesse de monopoliser la parole tant elle est rassurée que nous ayons trouvé un véritable allié dans cette bataille. Je suis tellement heureux de la voir si passionnée par le combat que je mène aux côtés de François ! Les questions pleuvent :

– Quelles sont les chances de réussite de Marc ? Comment lui donner le plus de possibilités de réussir ? Que dois-je faire pour l'aider ? Que faire en cas de rechute ?
– Charlotte, Marc va y arriver, j'en suis convaincu. En combien de temps, je ne le sais pas. Vous avez raison, la question cœur est : comment va-t-il y arriver ? Et cette réponse est devant moi : c'est vous deux. C'est votre amour qui va sauver Marc, j'en suis certain.

J'attends d'être sorti du cabinet pour fondre en larmes dans les bras de Charlotte.

– Je suis désolé, j'aurais voulu ne jamais t'emmener jusqu'ici. Ce n'est pas ce que je t'avais promis le jour de notre mariage.
– Marc, tu es malade. Crois-tu que je te laisserais tomber si tu avais un cancer ? Tu vas t'en sortir et je ne te laisserai jamais tomber, même si tu me le demandais. Et puis, rappelle-toi : comme épouse, je promets de te rester fidèle, dans le bonheur et dans les épreuves, dans la santé et dans la maladie, pour t'aimer tous les jours de ma vie.

Il faut d'abord devenir pauvre

Je connais François depuis quatre mois. Le sachant catholique, je décide, à l'occasion de l'un de nos rendez-vous, de lui parler de ma foi. Il s'agit d'un sujet sous-entendu, jamais directement abordé jusque-là. C'est aussi lors de ce rendez-vous que nous abandonnons le vouvoiement. Une complicité certaine s'installe entre François et moi, ce qui m'aide d'autant plus à me battre. Alors que François m'annonce qu'il est diacre dans le diocèse de Luçon, à La Roche-sur-Yon, il me regarde : « Marc, tu connais le meilleur médicament pour te battre chaque jour et devenir abstinent ? C'est indiscutablement l'humilité car elle te fait vivre en vérité. Elle te permet de mieux comprendre ta pauvreté et tes faiblesses et donc, par voie de conséquence, d'être mieux armé. Mais ce n'est pas une humilité choisie, c'est une humilité "forcée", celle qui est dure, celle qui fait mal. Tu connais les Pèlerins de l'eau vive, les PEV ? Voudrais-tu en faire partie ? C'est un groupe de partage catholique autour de la maladie de l'alcool. Là-bas, tu trouveras l'humilité ! » Ma confiance en François est totale et je décide aveuglément de faire tout ce qu'il juge bon pour moi.

Il est 20 heures lorsque j'attends, dans le froid, dans ma voiture. Je suis garé sur le parking de la maison paroissiale. J'observe les gens arriver : leurs tenues, leurs apparences physiques, leurs attitudes. Je n'ai pas envie de sortir de cette voiture pour aller à leur rencontre. Après une rapide prière, je prends une grande bouffée d'air, dessine un sourire sur mon visage et me décide à y aller. J'arrive dans une grande salle, assez froide, et je sens que tout le monde me dévisage. François est là pour m'accueillir et me présenter à certains pèlerins. Le schéma de ces temps de partage est toujours le même : prière, temps de partage sur un sujet qui touche de près ou de loin à l'alcool, témoignages individuels, dîner, prière de pèlerin. Tout le monde a sa place : des personnes qui boivent encore, des abstinents, des conjoints d'alcooliques (parfois seuls), des couples et même des personnes qui cumulent plusieurs addictions. Certains témoignages sont éloquents : une abstinente malheureuse depuis vingt-quatre ans qui buvait une bouteille de whisky tous les matins à 7 heures, un malade de l'alcool qui rechute toutes les deux semaines, des épouses dont les maris boivent sans retenue ni envie d'arrêter, une mère dont le fils ne parvient pas à arrêter de boire. La multitude des profils est d'une richesse incroyable. Mais je ne suis pas venu chercher une « culture générale » sur le combat face à l'alcool, je suis venu chercher l'humilité. Ce n'est qu'au bout de cinq à six séances que, après avoir témoigné à plusieurs reprises de ma faiblesse et de mon parcours, je ressens un vrai sentiment d'appartenance à ce groupe de pauvres pèlerins luttant, avec tant d'amour, contre cette maladie. C'est à ce moment-là que je regarde chaque pèlerin et comprends que je suis comme eux : petit, souffrant, assailli par l'alcool et, surtout, aimé de Dieu encore plus qu'avant. Par leur humilité et leur pauvreté, ils sont parfois beaucoup plus proches de la sainteté que les autres. Une grande tendresse et beaucoup d'humour entre nous. Avec le temps, je m'imprègne de cette pauvreté pour la vivre en continu ; nos réunions deviennent de grands moments de joie. Avec eux, je comprends que je ne pourrai réussir à être abstinent qu'en étant tout petit, tout pauvre, tout humble. Les PEV peuvent également organiser des pèlerinages, des retraites ou des repas en famille, ce qui ne me semble pas si évident que cela. Dois-je convaincre Charlotte et les enfants de venir dans cet endroit de pauvreté qu'ils ne comprendront peut-être pas ? Pourtant, la réponse est évidente pour Charlotte : « Tu es pauvre, nous sommes pauvres. D'une certaine manière, les PEV sont ta famille, ils sont donc notre famille. Nous viendrons à toutes les activités familiales avec nos cinq enfants, de Rémy (11 ans) à Flamine (3 ans). » Lors d'un barbecue en plein été, après avoir tout expliqué aux enfants, je suis très fier de venir avec ma famille et de présenter Charlotte et les enfants à mes amis. Et, pour me l'avoir dit, beaucoup ont été très touchés par le geste de Charlotte assumant complètement mon appartenance aux PEV, et d'une certaine manière la sienne. Ils pouvaient enfin mettre des visages sur les personnes dont je leur avais tant parlé.

« L'alcool n'est pas ta maladie »

Ma première abstinence dure depuis presque cinq mois. Au bout de quatre mois, lors d'une consultation avec François, je m'attends légitimement à des félicitations et à repartir fièrement. Mais ce n'est pas du tout ce qui va se passer. Après les cinq minutes habituelles de *debriefing* sur le mois passé, François me dit : « Marc, ce que je vais te dire va te faire de la peine. Tu as arrêté de boire trop facilement ! L'alcool n'est pas ta maladie, je pense qu'elle n'est qu'un symptôme. Le psychiatre qui t'a diagnostiqué bipolaire avait peut-être raison. Je t'ai observé, tu as “des coups moins bien” et des moments d'excitation. Il faut garder le traitement qu'il t'avait donné. Tu ne réussiras jamais ton combat contre l'alcool tant que tu n'auras pas traité cette maladie. C'est elle qui te fait boire. » C'est un véritable coup de massue, je suis à terre. Non seulement, je dois me battre contre l'alcool mais, une fois abstinent, il va falloir que je me batte contre une autre chose que je ne connais pas encore. Une bête immonde. C'est quoi, la bipolarité ? Existe-t-il des médicaments ? Peut-on en guérir ? Si je soigne ma bipolarité, cela veut-il dire que je pourrai boire à nouveau ? Quels dangers pour ma famille ? Suis-je vraiment fou ? Je n'ai pas les épaules pour me battre sur deux fronts, je le sais, je le sens. Je rechute un mois plus tard mais reprends ensuite le combat. Un combat à la fois, je gère mon abstinence, je prends mon traitement contre cette bipolarité que j'ignore. À ce moment-là, naît en moi une grande colère contre le Seigneur, lui de qui je me sentais pourtant tant aimé. « Vous ne m'aimez pas comme je suis. Je me suis fait pauvre et cela ne vous suffit pas ! Je ne peux pas me rendre plus pauvre que je le suis déjà ! » Si le Christ m'avait répondu à ce moment-là, il m'aurait sans doute dit : « Je t'aime comme tu es aujourd'hui et t'aimerai comme tu seras demain, encore beaucoup plus pauvre que tu n'es aujourd'hui. Lorsque tu en auras terminé avec ton orgueil, tu seras vraiment pauvre et nous nous aimerons en vérité. »

Retour en Auvergne

Au bout d'un an à l'usine, je sens que ma performance au travail est affectée par cette démarche personnelle si intense et difficile. Je m'épanouis au contact des syndicats avec lesquels les relations sont vives mais passionnantes. Je suis particulièrement impressionné par Nicolas, le responsable du comité social et économique de l'usine. Il dirige un syndicat « de gauche » dont l'approche est humaine et intelligente. Il connaît toute l'usine (femmes, enfants, problèmes personnels, salaires…). Ses journées de travail durent seize heures. Ses camarades et lui croient en l'entreprise, en l'homme, et les défendent sans relâche. Nos relations sont franches et amicales. Nos échanges tournent autour du

« contexte marché » et de la performance de l'usine qui est très clairement en décalage avec les autres usines du groupe. Cette performance est même irrattrapable. Je leur dis donc la vérité avec beaucoup de prudence, à demi-mot. Mes interventions doivent leur faire comprendre, sans le leur dire explicitement, que la fermeture de l'usine, vue du siège social, est une possibilité étudiée. Je ne leur apprends rien. C'est cela, le dialogue social chez Michelin : chaque événement, chaque décision se fonde sur la vérité, sur des faits. Et, en cas de fermeture, personne n'est laissé « sur le carreau ». Concernant ma fonction de responsable *supply chain* de l'usine, j'ai plus de mal à évoluer dans le contexte général de l'usine qui ne laisse pas assez de place à la liberté d'entreprendre. La rigueur est, en effet, l'un des leviers majeurs de la performance industrielle. Cette mission, pourtant largement à ma portée, est difficile, non pas pour des raisons professionnelles mais personnelles. Abstinent, je ressens des phases hautes, pendant lesquelles j'ai envie de tout changer, et des phases basses, pendant lesquelles je suis totalement incapable de sortir de mon bureau. Ces phases ne sont pas encore d'une intensité forte mais elles suffisent à me déstabiliser. Gaëtan, la quarantaine, également père de cinq enfants, m'accompagne beaucoup, il sait tout. Il est assis à ma gauche. Malgré l'importance de son poste – il pilote 350 personnes au sein de l'atelier – il trouve toujours un moment pour m'écouter, me comprendre et me conseiller. Je l'admire pour ses qualités humaines hors norme. La fin de mon premier poste, au bout d'un an, arrive comme prévu. Un autre plan de carrière se dessine, ce que je n'ai pas anticipé. Mon directeur me convoque, un soir de juin 2018 : « Marc, serais-tu d'accord pour commencer un nouveau poste en janvier 2019 au siège social à Clermont-Ferrand ? C'est un poste de gestionnaire de crise *supply chain*. Ton appétence pour l'opérationnel serait servie. » Je rêve de ce poste qui, par ailleurs, est une belle promotion. Mais voilà, cela fait à peine un an que nous sommes installés en Vendée, un an que j'ai demandé à Charlotte de quitter « son » Auvergne, et je dois maintenant lui annoncer un retour à Clermont-Ferrand, avec un célibat géographique de janvier à juillet 2019 en prime. Charlotte accuse le coup et me dit : « Ce poste te fait-il vraiment envie ? Si oui, je te suis. » Six déménagements en douze ans de mariage et toujours la même réponse ! Charlotte me suit par fidélité à son engagement et convaincue que mon bonheur fera celui de la famille. En juillet 2019, sans les enfants, Charlotte et moi suivons le déménagement dans la voiture. « Marc, j'ai une question importante à te poser : serais-tu prêt à être enterré en Auvergne ? » Le message est clair, nous avons tous les deux presque quarante ans, il est temps de poser les bases d'une vie beaucoup plus stable. Et justement, en évoquant la stabilité, un combat intérieur s'annonce. Le combat contre la maladie, le combat de notre vie.

Chapitre 7

LE TEMPS DES CRISES

Mon poste de gestionnaire de crise est passionnant, d'un point de vue opérationnel et humain. Le meilleur poste de ma carrière, civile ou militaire. Guy, mon manager, un poil réservé, est très humain, très charismatique et c'est un expert du domaine. Il sait tout, connaît tout, en particulier les rouages « politiques » du top management. J'ai toute sa confiance ainsi que celle du directeur industriel du groupe, Jean-Christophe. Ma première rencontre avec lui me marque beaucoup. « Marc, si votre mission principale est d'éviter toute rupture d'approvisionnement, elle est aussi et surtout de vous assurer du bien-être des équipes en situation de crise. Si un manager vous pose un problème, dites-le-moi ! » Effectivement, le cœur de ma mission est de constituer des équipes pluridisciplinaires (achat, logistique, *supply chain*, industrie…) expertes dans le domaine en crise. Partout dans le monde, je dois m'assurer que les cellules de crise que j'ai constituées fournissent le juste approvisionnement de l'ensemble des usines du groupe. Techniquement, n'y connaissant presque rien, je suis contraint de m'appuyer sur l'avis des experts des domaines en crise. Produits chimiques, noir de carbone, gomme naturelle ou synthétiques, semi-finis... L'humilité fait partie intégrante de ce poste. Mais le vrai challenge de cette mission est humain puisqu'il consiste à animer des équipes que je ne connais pas, avec leurs managers. Il y a donc souvent deux leaders dans la salle, pas simple ! J'ai connu la guerre et mon style d'animation s'en ressent sans doute : il est parfois déstabilisant pour les autres. Plus il y a de pression, moins j'en mets, et inversement. Il m'arrive même parfois de me positionner comme « secrétaire » lorsque je vois que les équipes, responsabilisées et motivées, « font le job ». Guy, pour en avoir souvent parlé avec lui, connaît mon style d'animation et le valide en toute confiance. Mais cette posture ne fait pas l'unanimité, notamment lorsque je dois faire face à un manager qui ne fait pas confiance, qui a peur et qui peut perdre son sang-froid dès que la pression est trop forte pour lui. Cependant, globalement, nos managers sont très bons, particulièrement en situation de crise. Pourquoi ? Parce qu'en cas de crise, ce qui fait la différence, ce ne sont pas forcément les moyens techniques ou financiers, ce sont nos hommes et leurs qualités intrinsèques. Et, dans ce domaine, Michelin se démarque des autres entreprises.

Ces mois de célibat géographique sont une pause bénéfique pour Charlotte et moi. Accueilli tous les soirs chez mes beaux-parents avec beaucoup de tendresse, j'ai tout le temps nécessaire pour me familiariser avec mon nouveau poste et prendre du temps pour moi. Septembre 2019, la rentrée scolaire s'annonce. Nous voilà installés dans un magnifique appartement à Clermont-Ferrand. Cela fait maintenant neuf mois que je suis abstinent. Pas d'alerte, je commence à me croire sorti d'affaire. *Deo Gratias !* Et c'est pourtant à ce moment-là que tout va basculer.

En ce début d'année scolaire, la Vendée me manque horriblement. Je n'ai plus mon petit banc en pierre dans le jardin pour admirer la prairie. Plus de cheminée. Plus de François et plus de Pèlerins de l'eau vive pour me soutenir.

Je suis malheureux et la famille avec laquelle je n'ai pas vécu pendant plusieurs mois m'insupporte, en particulier Charlotte qui n'a pourtant pas changé. Tout me semble sa faute : le manque d'aventure, l'excès de rigueur, notre relation ennuyeuse et notre quotidien « trop bien rangé ». Charlotte canalise tous les reproches, je n'en peux plus de la voir, de l'entendre. Elle vit de plein fouet mon mal-être et se renferme. Nous ne parlons plus, nous nous disputons en permanence. Je suis opaque à toutes les remarques, les discussions. Je suis devenu aveugle, mon intelligence et mon cœur ne perçoivent plus rien. Je suis terriblement égoïste. Mais nous ne sommes pas seuls. Charlotte a ses amies et Marc-Hilaire, mon beau-frère, qui a compris l'urgence de la situation, est à mon écoute. À ce moment-là, il est la seule personne en laquelle j'ai confiance et qui a la capacité de me faire réfléchir ou agir.

Puis, une phase maniaque, les plus dangereuses. Je ressens en moi une excitation incroyable, impossible à maîtriser. Une envie de vivre à fond. Je veux repartir en Opex ou tout envoyer balader et vivre seul dans un appartement, partir tout seul marcher pendant plusieurs jours avec mon sac à dos. En parallèle, mon quotidien change. Si j'arrive à me lever tôt, j'aide Charlotte pour gérer les enfants. J'enchaîne avec une journée de travail. Je rentre, j'aide Charlotte à coucher les enfants et vers 20 heures, je me remets au travail. Vers 22 heures, j'ai besoin de décompresser, je pars boire quatre ou cinq pintes de bière et me remets ensuite au travail, jusque vers 3 heures du matin. L'alcool est revenu mais, cette fois-ci, il est accompagné de la violence et de la colère. Tant que je ne croise personne, « tout va bien ». Je me couche dans le canapé et « terminé ». En revanche, il m'arrive de boire à la sortie du travail. Je rentre donc vers 20 heures, faisant preuve d'une violence verbale incroyable à l'égard de Charlotte. Je suis un démon, je donne des coups de poing sur la table, j'insulte ma femme et hurle sur nos enfants. Je ne suis pas heureux et tout est leur faute. J'ai l'intime conviction que la bipolarité n'a rien à voir avec ce que je suis. Charlotte est « ma cible », celle de mon mal-être, celle de ma colère. Heureusement, et peut-être par chance, je ne lèverai jamais la main sur Charlotte ou sur un enfant.

Et puis, c'est la chute. La dépression. Je fais rapidement appel à mes souvenirs les plus tristes. Je pense à Papa, je regarde des photos de mon frère Frédéric et j'écoute Bruce Springsteen, son chanteur préféré. Je passe mon temps à regarder des reportages sur l'Afghanistan. Je n'ai pas envie de mourir mais je me sens terriblement fatigué. Je dors tout le temps et suis mélancolique. Je n'arrive plus à aimer Charlotte et les enfants, je suis trop centré sur mon état dépressif. C'est à cette époque que Charlotte et moi décidons de faire appel à un couple de conseillers conjugaux. Je suis convaincu que cela permettra à Charlotte de prendre enfin conscience que le problème vient d'elle. La conclusion de cette année de cheminement est cinglante mais unanime : « Nous n'avons pas de problème de couple. Notre seul gros problème est ma maladie. Inutile de se cacher derrière les problèmes relationnels entre Charlotte et moi. Le problème, c'est moi ! »

Le va-et-vient des humeurs se poursuit pendant la période de Noël. Ce début d'année 2020 constitue la période la plus difficile de ma vie. Vendredi 17 janvier 2020, je reçois un appel de Thaïlande d'une collègue française : « Marc, j'essaie d'alerter au maximum sur ce qui se passe en Asie. C'est très grave et cela risque de se passer en Europe, peut-être même dans le monde entier avec cette histoire de Covid 19. Je pense qu'il faut que tu ouvres une cellule de crise au niveau monde. » À ce moment-là, nous entendons à peine parler du Covid dans la presse et aux informations. Et moi, à titre personnel, je suis déjà en crise. Ce nouveau sujet à piloter professionnellement me dépasse. Après avoir longuement réfléchi avec Guy, mon manager, nous faisons remonter le besoin de sécuriser, le plus vite possible, les approvisionnements de toutes les matières premières, en particulier celles qui se trouvent en Asie. Il s'agit d'assurer six mois de stock en cas de confinement et/ou de blocage des frontières. Beaucoup nous prennent pour des fous. À peine le temps de structurer la cellule de crise que « les achats », pourtant échaudés par les multiples fausses alertes liées au Brexit, se mettent au travail. Trois semaines extrêmement denses mais nous réussissons à sécuriser six mois de stock sur des centaines de références de matières premières. Le travail du service des achats est remarquable. Jamais je n'aurais imaginé qu'une telle chose soit possible en si peu de temps.

Mi-février, au bord de la rupture, je suis littéralement épuisé par mon travail et le climat familial s'en ressent. Je vis en crise 24 heures sur 24 ! C'est à ce moment-là que Marc-Hilaire, devenu sans le savoir « mon aidant », me suggère d'être hospitalisé. Il marche sur des œufs car il a conscience de la violence de son propos, pourtant bienveillant. Sans son courage, aucune démarche de soin n'aurait été lancée. Dans un premier temps, choqué, j'exclus catégoriquement sa proposition. Mais ma confiance en Marc-Hilaire est totale et ne pas suivre ses conseils serait un désaveu. À vrai dire, j'ai tellement besoin de lui, de sa franchise, de son affection et surtout de son recul ! Outre la raison, que moi-même j'ai presque totalement perdue, je crains de perdre sa confiance et son aide permanente. Sans lui, je suis aveugle ! Pierre, notre témoin de mariage, est aussi très présent à nos côtés. Fin février, je me résous à être hospitalisé, au plus tôt, en clinique psychiatrique. Admission prévue pour le 13 mars. C'est à ce moment-là que Maman, atteinte de la maladie d'Alzheimer, meurt « d'une infection pulmonaire », sans doute le Covid. L'enterrement a lieu, en cercle très restreint, le 12 mars 2020, près de Tours. Malgré notre tristesse, ce départ est plutôt une bonne nouvelle au vu des souffrances vécues qu'elle avait endurées. La dernière image d'elle est celle d'un visage radieux et serein. Côté boulot, Guy sait tout et n'envisage pas de me remplacer alors que je le lui ai déjà suggéré. Côté famille, Charlotte a beaucoup d'espoir et voit cette période comme un temps de calme après la tempête. Cette hospitalisation est une réussite dans la mesure où « le premier pas est fait ». En revanche, confinement oblige, les cigarettes se font rares pour cause d'interdiction de sortie. J'évolue donc dans une atmosphère incroyablement tendue. Les patients, malades psychiques et souvent addicts, se voient sevrer de tabac sans l'avoir choisi. Je ne reste que deux semaines et ressors en ayant un goût amer d'échec.

À mon retour, nous vivons les deux mois de confinement chez mes beaux-parents. Les habitudes s'installent dans ce quotidien hors norme pour nous comme pour eux. Le matin est consacré aux devoirs des enfants et à mon travail, l'après-midi, aux travaux dans la garenne ou dans la salle à manger, en intérieur, par temps de pluie. C'est une période de bonheur vécue avec mes beaux-parents. Nous avons chacun nos quartiers, nous essayons de ne pas trop les déranger et passons des temps de qualité avec eux. C'est aussi pour moi une période d'abstinence.

À peine commençons-nous à envisager un retour chez nous, le 2 juillet 2020, que Charlotte m'envoie un texto « URGENT RAPPELLE-MOI ». Alors que j'étais en pleine cellule de crise, Charlotte m'annonce avoir casé tous les enfants en trente minutes pour se rendre à l'hôpital en oncopédiatrie pour Flamine. « Votre fille de 5 ans a une tumeur d'un kilo trois cents grammes sur le foie. Il faut s'attendre au pire. Au cancer. Étant donné la situation, nous travaillerons avec les hôpitaux de Lyon et de Paris, plus compétents que nous sur ce genre de cas. » Je suis assommé. KO ! Charlotte aussi. Quant à Flamine, elle nous regarde avec beaucoup de douceur et semble tellement sereine. Charlotte récupère les enfants avec Flamine et rentre chez ses parents. En retournant au travail, mauvais réflexe, je m'arrête dans un bar pour boire une pinte. Fini l'abstinence ! Comme si on avait besoin de cela... C'est lors de ce moment que je me suis posé la question : « Et cette crise, comment vas-tu la gérer ? » Je décide d'envisager le pire, la mort de Flamine. Donc, quoi qu'il arrive, je ne dois pas me réjouir, je dois prendre garde et préparer le scénario catastrophe. Car je serai le seul à envisager cela, j'en suis convaincu. Charlotte a été incroyable dans cette épreuve. Une immense chaîne de prière s'est mise en œuvre. Des amis, la famille, des inconnus, des anonymes prient pour Flamine. De toute la France, nous recevons des appels : « On a entendu parler de votre fille à la messe. » La mobilisation est incroyable. Charlotte vit avec la conviction que Flamine va s'en sortir. Elle le sait. Elle vit dans l'Espérance, celle qui vient du Bon Dieu ! Elle contacte notre abbé pour savoir quel sacrement

Flamine peut recevoir. Notre fille recevra le sacrement de confirmation. Et puis, le neuvième jour de la neuvaine à sainte Flamine, nous apprenons que la tumeur est bégnine. C'est un hamartome, situé sur l'un des deux lobes du foie. Mais rien n'est encore gagné ! Les semaines d'été sont difficiles et défilent avec des hauts et des bas, les médecins ayant parfois des doutes. Et puis, l'horizon s'éclaircit lorsque l'hôpital appelle Charlotte : « L'un de nos chirurgiens est prêt à opérer votre fille, le 9 septembre. L'opération devrait durer dix heures. Mais si vous préférez, nous pouvons demander aux hôpitaux de Lyon ou de Paris s'ils veulent l'opérer. » Entrevoyant une issue heureuse, Charlotte et moi demandons à Flamine, si courageuse, ce qui lui ferait plaisir si elle guérissait : « Que Papa arrête de fumer. Et, j'aimerais beaucoup une petite sœur. » Très délicatement, nous lui expliquons que je ferai tout pour arrêter de fumer mais que nous avions décidé qu'avoir cinq enfants était déjà très bien. Et puis que je suis malade et qu'il n'est donc pas raisonnable d'agrandir la famille. L'opération ne dure que quatre heures. Charlotte est tétanisée par la peur en décrochant son téléphone. « Nous avons enlevé la tumeur de votre fille ainsi que le lobe du foie qui était tout atrophié. Elle va très bien, elle a juste une cicatrice de vingt centimètres de long. Elle restera hospitalisée encore une semaine et ressortira sans médicament, sans régime. Il faudra juste qu'elle fasse une échographie, voire une IRM, une fois par an. » Plus de pression, tout est fini. Le 12 septembre, alors que je suis avec Flamine à l'hôpital, Charlotte m'appelle de la maison : « Je ne comprends pas, je suis enceinte. » Trois jours après sa sortie de l'hôpital, j'arrête définitivement de fumer et, neuf mois plus tard, naîtra Pauline, la petite sœur demandée par

Flamine. La boucle sera bouclée. Comment ne pas y voir la main du Seigneur ?

Pas abstinent mais plutôt « raisonnable », surtout exténué. C'est à ce moment-là, juste après l'opération de Flamine, que j'aurais pu me poser un peu. Et c'est pourtant là que la plus grosse crise d'approvisionnement que le groupe Michelin ait jamais connue éclate. Les ports d'Asie sont saturés après plusieurs mois de confinement, le prix du transport d'un container est multiplié par treize, nous ne maîtrisons plus les flux maritimes. Et nous avons besoin d'une matière indispensable lourde et volumineuse, la gomme naturelle, essentiellement produite en Asie, sur nos plantations d'hévéas. Les équipes européenne et américaine des semi-finis, grandes consommatrices de cette matière, font un travail de pilotage microscopique incroyable. Nous mettons en place deux ponts aériens, l'un entre l'Asie et l'Europe, l'autre entre l'Asie et les États-Unis. Cette crise me fait comprendre que mon poste ne me laissera jamais le temps de me soigner. Ras-le-bol d'être maniaque, ras-le-bol d'être dépressif, ras-le-bol de boire, ras-le-bol de sacrifier ma famille et de pourrir la vie de ma femme. J'ai donc tout préparé pour ce jour-là, l'un des plus importants de ma vie. J'ai trié mes dossiers, archivé mes données, assuré la bonne gestion de toutes les crises en cours. Et, le 22 décembre 2020, dernier jour de travail de l'année, je parle à mon manager : « Guy, je quitte mon poste, tout est prêt pour ma suite. Je ne suis plus la personne qu'il faut pour tenir ces responsabilités. Je dois me soigner. Je serai hospitalisé dès demain et il faut que j'annonce à nos enfants que leur père ne sera pas là à Noël. Je te remercie de ta confiance et de tout ce que tu m'as apporté. Mais j'ai une autre crise à gérer. La plus difficile et la plus incertaine de ma vie. »

Cette décision importante me tord le ventre. Ce poste est celui que j'ai préféré de toute ma carrière mais je ne suis plus la bonne personne. Aussi bien pour le groupe que pour moi, je dois partir. Je pars sans annonce, sans pot de départ, sans « au revoir » ni « merci », sauf de la part de Guy. Sans réelle surprise, au vu de la charge de travail de ce poste, je suis remplacé par deux personnes. Phases maniaques, phases dépressives, crise Covid et post-Covid, cancer puis hamartome, décès de Maman, alcool et abstinence, tout cela s'arrête enfin pour donner place à un autre extrême : le vide. Je suis seul face à moi-même. Plus de travail, plus de famille, juste ma maladie et moi, en tête à tête. Une histoire entre elle et moi est à écrire, et il faudra l'écrire ensemble !

Chapitre 8

À CHAQUE JOUR SUFFIT SA GRÂCE !

Je titube. Ma vie titube. Je suis en pleine dépression, alcoolisé parfois dès le matin et violent le soir. Les murs tremblent sous mes hurlements et les coups de poing dans les meubles. Une grande mélancolie s'empare de moi. La mort est omniprésente dans mon esprit et elle ne me fait pas peur. Je ne crains même plus d'aller en enfer. Pour autant, je n'ai pas d'envies suicidaires. Mon jugement est désormais totalement altéré par la maladie et par mon addiction. Je passe mon temps à me lamenter et à en vouloir à Charlotte. J'en suis certain, tout est sa faute, en particulier mon malheur. Je lui en veux. Mais le problème, c'est moi. Je rêve donc que nous nous séparions, je rêve de vivre seul pour faire le point. Tout stopper, réfléchir, quitter la maison pour protéger ma femme et mes enfants. Et c'est exactement ce qui va se passer…

Les hospitalisations

Je ne maîtrise plus rien ce 23 décembre 2020, date à laquelle je rentre dans cette nouvelle clinique psychiatrique. Mon premier séjour dans ce type de clinique, au mois de mars, a été chaotique, alors pourquoi celui-ci se passerait-il mieux ? Je ne suis plus qu'une « tête inerte ». J'ai tout quitté : mon travail, ma famille, ma maison, mes affaires, mes habitudes… Je n'ai qu'un petit sac, rempli du strict minimum.

Ma dépression, ma colère, mon mal-être sont devenus tellement dangereux qu'il me faut même passer Noël seul. Je n'oublierai jamais ce soir de Noël, avalant une tartiflette froide, vers 19 heures, dans cette cantine à moitié vide. Triste ? Même pas ! Je suis en plein sevrage, en partie « shooté » par les médicaments. Accompagné par le docteur Julien, je découvre le processus d'hospitalisation. Premier temps : l'acclimatation, le sevrage alcoolique, l'observation. Deuxième temps : l'évolution du traitement, le renforcement du processus de stabilisation. Troisième temps : les retours ponctuels à domicile, avant le projet de retour complet à domicile. Ce type d'hospitalisation peut durer d'un à plusieurs mois en fonction du patient. En effet, le patient, dans le meilleur des cas, est le premier acteur de son hospitalisation. Avec l'accompagnement bienveillant du psychiatre, le patient décide de « tout », de son entrée jusqu'à sa sortie. Il est donc le responsable de la réussite ou de l'échec de son hospitalisation tant qu'il a encore les capacités psychiques de voir, de ressentir les événements avec clairvoyance et d'être à l'écoute du médecin. Cette deuxième hospitalisation est cruciale dans mon parcours de soins. Elle m'offre un refuge en cas de crise, me permet de trouver un nouveau traitement grâce auquel je ne fais plus de phase hypomaniaque et, surtout, elle me fait comprendre un élément essentiel : je suis la seule personne vraiment capable de combattre ma maladie. Cette hospitalisation n'a été que le deuxième round d'un combat qui en comptera cinq. L'ultime étape à atteindre au bout du chemin : la stabilisation, cet « état suprême » recherché par tous les malades psychiques. Cet état n'est malheureusement pas à la portée de tous. Il consiste à mettre sous contrôle son psychisme, ses humeurs, ses addictions, ses émotions, ses réactions en situation complexe, et à trouver le recul indispensable à l'anticipation de tous les événements de la vie de tous les jours. C'est le chemin pour retrouver une vie « normale ». Cinq hospitalisations entre le 23 décembre 2020 et le 21 décembre 2022 auront été nécessaires pour atteindre cet état de « patient stabilisé ». Aujourd'hui encore, je me sais en sursis. Je ne serai jamais à l'abri du sixième round. Le jour où je me croirai sorti d'affaire sera le jour où je rechuterai.

Les obstacles à franchir

Cette maladie peut trouver son origine soit dans l'incapacité à absorber des chocs post-traumatiques, soit en raison d'un « terrain fragile » dès la naissance. Me concernant, je sais que l'Afghanistan et le suicide de mon frère Frédéric ont eu un fort impact sur ma santé mentale. Cependant, il est probable que je sois né avec une certaine fragilité. Néanmoins, la vraie question n'est pas de savoir d'où vient la maladie, mais plutôt de savoir ce que l'on va en faire ! Pourquoi est-il tellement difficile d'apprivoiser une maladie psychique ? Parce que c'est une démarche mortifère. En effet, cela consiste à « faire son deuil ». Facile à dire, tellement difficile à faire ! Ce n'est pas une question d'humilité mais d'humilité forcée. Il s'agit d'une humilité poussée à son extrême. Se soigner, c'est accepter ce que l'on a toujours refusé. Et c'est aussi abandonner ce que l'on a parfois mis des années à gagner !

Physiquement, c'est dix à quinze kilos en plus. Un médicament, un seul ! Mais pris tous les jours, quinze kilos en plus sur la balance. Tous les jours, je passe devant notre photo de mariage. Un gamin, belle gueule en uniforme, tout en muscles. Je n'ai jamais été complexé jusqu'à aujourd'hui. Je n'ai jamais imaginé que cela pourrait même m'arriver. Certes, ce n'est pas l'essentiel. Mais lorsqu'un ami que vous n'avez pas vu depuis dix ans vous dit : « Je ne t'ai pas reconnu ! », ça fait mal. Lorsque je suis nu devant ma glace, ça fait mal ! Lorsque je n'arrive plus à nouer mes lacets, ça fait mal ! Lorsque je déchire une chemise en m'accroupissant, ça fait mal ! Lorsque je suis essoufflé, ça fait mal ! Ce ne sont jamais de grosses douleurs, mais ce sont des petites douleurs permanentes. Partout et tout le temps !

L'abstinence n'est pas négociable. Elle est le seul vrai moyen de se sortir d'une addiction. Il faut dire adieu à l'alcool. L'alcool est omniprésent. La prudence et la conscience d'une rechute à tout instant sont les deux armes indispensables pour vivre dans l'abstinence. Armes indispensables mais parfois pas suffisantes, notamment dans le cas d'une dépression où les forces s'amenuisent. Il ne faut jamais se croire à l'abri. Entre ma première période d'abstinence en 2018 en Vendée et ma dernière sortie d'hôpital en 2022, je n'ai bu que durant cinq mois. Mais chaque alcoolisation se termine par un drame, la nuisance de l'ivresse étant décuplée par le lourd traitement contre la bipolarité. Depuis plus de dix-huit mois, je suis abstinent, un abstinent heureux qui n'a plus d'envie, qui n'a pas besoin de substitut. Hélas, certains abstinents vivent cet état comme un calvaire. Mais le jeu en vaut la chandelle. C'est une mort lente, un deuil que l'on aime avec le temps. Un sentiment de liberté incroyable !

Le handicap. C'est un mot que je n'attendais pas du tout dans la bouche de mon médecin du travail. C'est pourtant la réalité d'un malade psychique. Au départ, on le nie complètement. Ensuite, on l'observe et puis on se l'approprie. Se regarder devant sa glace, dire à ses enfants et à son entourage : « Je suis handicapé » alors que l'on est sur ses deux jambes est improbable. Ce statut d'handicapé ne vient pas que de la maladie en elle-même. Le lourd traitement médical a des effets néfastes qui amputent mes capacités intellectuelles au quotidien. Je prends onze comprimés par jour ! Mais là encore, il faut choisir entre médicaments et crises. Je n'y croyais pas. J'étais convaincu que, stabilisé, je retrouverais toutes mes capacités. Je ne m'étais même pas posé la question ! J'ai déclaré mon handicap, conseillé par les « référents handicap » de mon entreprise, d'abord pour me protéger. J'avais très peur du licenciement à cause de mes absences prolongées liées à mes hospitalisations. Même si ce n'était pas forcément fondé, il m'a paru indispensable de faire comprendre à Michelin le combat que je menais. Ma reconnaissance en qualité de travailleur handicapé (RQTH) a clarifié ma situation. Et puis, j'ai noté des pertes de mémoire : je ratais des réunions, je préparais un long mail que j'oubliais d'envoyer, Charlotte devait me répéter sans cesse les mêmes choses. Après une journée de travail, une grande fatigue s'installait, un peu comme si j'avais travaillé une semaine. Mon cerveau tourne à plein régime pour des micro-tâches. Il m'est très souvent impossible de prononcer une phrase sans buter sur un mot. J'ai vite compris que je n'étais plus capable d'assumer les responsabilités que j'avais avant mes hospitalisations. Et puis, après avoir refusé cette possibilité pendant deux ans, j'ai consenti à travailler à mi-temps. À quarante-deux ans, je suis incapable de travailler une semaine complète ! Et il me reste une vingtaine d'années à travailler ! Travailler à mi-temps pourrait paraître une chance mais cela représente, en réalité, un deuil terrible. Le travail est capital pour la stature d'un homme, d'un époux et d'un père. J'en ai pris conscience brutalement mais il aura fallu cet élément déclencheur pour stopper net le cercle vicieux des hospitalisations. Moins de fatigue et donc un meilleur équilibre des humeurs. Enfin la stabilisation tant attendue ! Voilà dix-huit mois que je n'ai pas été hospitalisé.

Je travaille donc aujourd'hui à mi-temps, sur un poste légèrement inférieur à mon précédent niveau de responsabilités. Ainsi, ma carrière va stagner pendant vingt ans. Cela aurait pu être très compliqué à vivre, mais j'ai la chance d'avoir trouvé un poste en communication qui me passionne, et d'avoir un très bon manager et une excellente équipe. Julien a tout de suite compris la charge qu'il s'apprêtait à assurer en me confiant des responsabilités au sein de son équipe. La synchronisation et la confiance mutuelle sont totales avec lui. Je travaille dans une équipe très bienveillante qui connaît ma maladie et mon handicap. Rien de surprenant chez Michelin où l'humain est placé au cœur de toute problématique. Désormais, je ne regarde plus le haut de l'échelle et je fais de mon mieux à la place qui est la mienne.

Enfin, le plus difficile des obstacles à surmonter... Adieu l'insouciance ! En rencontrant Charlotte, je lui ai dit : « Je te préviens, je ne serai jamais comme les autres. » D'une certaine manière, cela est toujours vrai et ce, « grâce » à ma maladie. D'une autre manière, je suis en recherche permanente de stabilité, de sérénité et de sédentarité. Fini l'adrénaline, fini la prise de risque, fini l'incertitude… Mon bureau est pourtant rempli de photos militaires, de livres d'aventures, il y a même une bouteille vide en plastique d'un alcool venu d'Irak. La prière des paras me fait peur. Je vis au présent, entouré du passé. J'ai basculé d'une vie à l'autre. Sans regrets, sans pleurs, sans remords.

Professionnaliser sa maladie

J'en suis à ma troisième hospitalisation. Je tourne en rond dans ma chambre, frustré de ne pas avoir d'activité intellectuelle. Et là, le déclic : « Je vais professionnaliser ma maladie. » Prendre ce sujet à bras-le-corps comme s'il s'agissait d'une tâche qui m'aurait été confiée au travail. Processus de marche courante, processus d'urgence, mode opératoire, formation, échéances... je dois chercher à appliquer au mieux mes reflexes professionnels à la gestion de cette maladie.

Il faut d'abord mettre en place une ossature médicale en béton armé, ossature capable de vous aider au quotidien comme en cas de crise. Je suis suivi par le docteur Jean-Alexandre, psychiatre. Il me reçoit à fréquence variable en fonction de mon état. Il est clair et direct et le courant passe très bien. Son efficacité est redoutable. Mon médecin du travail, le docteur Charlotte, est incroyable. Elle me connaît « par cœur » et « avec cœur ». Sa bienveillance et sa connaissance de ma maladie me guident quotidiennement sur mon lieu de travail et ses conseils ont beaucoup d'impact dans ma vie personnelle. Je me suis aussi rapproché du CHU où il existe un centre d'expertise de la bipolarité. J'ai suivi une longue formation sur ma maladie et je fais partie d'un programme novateur qui consiste à suivre mes constantes (humeur / niveau d'énergie / niveau d'irritabilité / durée du sommeil / niveau d'anxiété). C'est justement là qu'intervient le suivi d'urgence. Je suis en permanence en contact avec le CHU en cas de crise. Laetitia « case manager », infirmière spécialisée en pratique avancée en psychiatrie, est mon ange gardien. Grâce au programme novateur, elle est capable d'identifier les dérives et d'anticiper les crises. Du coup, elle peut toujours me trouver une ordonnance, un rendez-vous de psychiatre ou me prodiguer des conseils par téléphone. Mon psychiatre est également toujours prêt à me recevoir en urgence. Le docteur Julien, le psychiatre qui me suit à la clinique, et moi nous sommes mis d'accord sur les conditions d'une hospitalisation en urgence. Charlotte, devenue mon aidante après mon beau-frère Marc-Hilaire, est, elle aussi, en mesure de contacter mes soignants pour intervenir en cas de crise.

Il est primordial de trouver un refuge en cas de crise. Un endroit bienveillant où se mettre à l'abri lorsque la colère et la violence réapparaissent, une sorte de sas entre la maison et l'hospitalisation. Tante Laurence, la marraine de Charlotte, m'a accueilli à trois reprises lorsqu'il était souhaitable que je m'éloigne de la maison. Chez elle, je trouvais calme, affection et bienveillance. Elle a toujours été au courant de tout ce que nous vivions et cela lui permettait de trouver les mots justes. Chez elle, je me sens écouté par une personne qui a du recul et qui n'est pas « dans la mêlée ». Et ce genre de séjour est également bénéfique pour Charlotte et les enfants qui retrouvent le calme en mon absence.

Charlotte et moi avons rédigé un mode opératoire. Nous l'avons rédigé ensemble, à froid. Nous avons posé les bases de notre façon de vivre avec la maladie, au quotidien comme en cas de crise. Pour le quotidien, ce sont de petites choses : quels sont mes symptômes ? Comment vivre avec de l'alcool à la maison ? Je ne dois pas sortir deux soirs d'affilée, je dois me coucher tôt… Pour les crises, la base du mode opératoire est que je m'engage à suivre les préconisations de Charlotte. Si je ne vais pas bien, je dois pouvoir entendre le besoin d'hospitalisation (en ayant toujours un dossier d'hospitalisation prêt dans mon bureau), le besoin de consultation en urgence et la nécessité de corriger mon attitude. Ce mode opératoire est le « levier de négociation » de Charlotte avec moi lorsque je n'ai plus les idées claires. Enfin, ce mode opératoire se conclut par « ne pas se mentir, se pardonner, s'aimer, se faire confiance et se battre ensemble ». C'est une arme redoutable !

La prise de médicament fait réellement débat chez les malades psychiques. Anxiolytiques, thymorégulateurs, benzodiazépine, antidépresseurs… beaucoup sont hésitants à remplir leur pilulier de ces médicaments, par peur ou par orgueil. C'est aussi un deuil ! Mais il n'y a pas d'autre solution que de s'appuyer sur les préconisations de médecins qui ont fait douze ans d'études dans le domaine. Et les soignants, en général, sont extrêmement bienveillants puisque choisir la psychiatrie est une vocation ! Alors, de principe, me concernant, il n'y a pas de débat, la voie de la stabilisation passe par la médecine. Mais il n'est effectivement pas aisé d'aller chez le pharmacien pour chercher ce genre de médicament. Ceux-ci altèrent les fonctions mémorielles ou cognitives. Évidemment encore, le malade devient dépendant des molécules prescrites. Mais c'est pourtant le meilleur chemin vers « la guérison » ! Quant aux psychologues, à la médecine chinoise, à l'hypnose, ce sont sûrement de bonnes béquilles mais cela ne soigne pas une maladie psychique. Je déteste préparer mon pilulier. Il me ramène à ce que je suis : un homme malade. Alors, j'en ai acheté quatre et je les remplis une fois par mois. De cette manière, je suis hyper-rigoureux sur la prise de mes médicaments. Ils m'ont sauvé, ils me sauvent encore et me sauveront jusqu'au bout !

Assumer d'être atteint de troubles bipolaires et d'être addict à l'alcool, cela protège ! Cela commence par les enfants. Vous êtes malade ; vos enfants ne voient que les travers de votre maladie, la perte de cohérence, l'ivresse, la dépression ou la colère. Si vous ne leur expliquez pas le fond du problème, avec pédagogie, ils deviennent des « bombes à retardement ». À l'inverse, lorsqu'ils comprennent la maladie, ils vous soutiennent, ils comprennent votre absence à Noël, ils verbalisent leurs craintes et leur mal-être. Ils vous montrent leurs plaies que vous pouvez aisément panser pour mieux construire leur personnalité. Il ne faut pas sous-estimer ses enfants, ils sont souvent capables d'assumer bien plus qu'on ne veut le croire. Ensuite, concernant l'entourage, familial ou professionnel, à chacun sa politique de communication. J'ai décidé d'assumer totalement mon abstinence car elle me protège des tentations. Il est évident que lorsque vous dites à un ami ou à un collègue : « Je ne bois plus », ce dernier ne vous proposera jamais un verre. Et puis, votre entourage est enclin à vous porter beaucoup de respect pour le fait d'assumer cette abstinence et pour les efforts associés. Assumer mes troubles bipolaires m'a paru être une évidence. Que ce soit au sein de ma famille ou de mon entreprise, j'avais besoin de donner du sens. Donner du sens à mes absences, à mes dépressions, au fait d'avoir quitté un poste sans crier gare. Donner du sens aux amis qui se posent constamment la question : « Que se passe-t-il chez les Bruneteau ? » Et oui, je suis malade psychique, et alors ? Qu'ai-je fait pour cela ? Servir mon pays ? Assumer le suicide de mon frère ? C'est comme cela ! Alors, oui, j'ai passé six mois de ma vie en clinique psychiatrique, je me suis battu contre l'alcool et je n'ai pas toujours gagné. Je peux rechuter demain. Mais c'est l'histoire de ma vie, une histoire que je n'ai pas choisie mais que je n'ai pas subie !

Comment aimer sa maladie ? C'est le *carpe diem*. Pas celui des soixante-huitards périmés mais celui de sainte Thérèse de l'Enfant-Jésus, docteur de l'Église à vingt-quatre ans ! Le *carpe diem* qui ne voit que le jour présent mais qui a soif d'éternité. Sainte Thérèse, malade, consent à l'épreuve : « Mais je veux bien mon Dieu l'épreuve et la souffrance, rien que pour aujourd'hui. » Avec beaucoup d'humilité, je partage cette façon d'aimer le Christ et de consentir à vivre malade. Grâce à sainte Thérèse, j'ai appris à aimer cette maladie « rien que pour aujourd'hui ». Je ne l'aime que pour aujourd'hui, car je ne suis pas capable de l'aimer pour demain, cela m'est trop difficile. Et puis, cette maladie me rend impatient de voir la fin, le jour de ma rencontre avec le Christ, ce jour où je serai enfin guéri, libre et insouciant. Mais, pour aujourd'hui, je ne veux pas me séparer de cette maladie, elle est mon chemin, mon chemin de sainteté. Je vais chercher le bonheur où il se trouve : « À chaque jour suffit Sa Grâce ! »

Chapitre 9

JE NE CRAINS PAS LA MORT

J'aime Dieu, j'aime le Christ et je sens parfois l'Esprit Saint. C'est d'ailleurs lui qui m'a inspiré l'écriture de ce livre et le choix des mots, moi qui n'ai pas lu un livre entier depuis vingt ans. J'aime les êtres célestes comme saint Michel, mon protecteur, ou la sainte Vierge Marie, ma mère du Ciel. Et puis, j'aime ceux qui montrent le chemin du Ciel sur terre : saint Joseph, saint Thomas et sainte Thérèse de l'Enfant-Jésus. Il y a évidemment plein d'autres anges, plein d'autres grands saints, des abbés, des papes, des religieux… Mais le cœur de ma foi, ce sont eux ! Il m'est arrivé d'être en colère, de les aimer moins, de les ignorer, mais jamais je n'ai douté de leur existence. Il ne m'aurait pas paru choquant de douter. Disons que j'ai toujours eu une foi d'enfant. Ils existent, je vis avec eux, un point c'est tout. Je les aime tellement que je ne vois pas l'intérêt de me poser la question de leur existence, au risque de les perdre. Alors, je ne crains pas la mort. Je sais que ma place au paradis n'est pas une évidence. Mais je ne crains pas de les retrouver, enfin !

L'Eucharistie

Depuis la découverte de ma maladie, je vis comme un funambule. Je suis pieds nus comme un pauvre, j'avance pas à pas en regardant fixement la corde pour ne pas chuter. Un pas par jour, jamais plus. Dans ma main droite, je tiens mon assurance, celle qui me sauvera en cas de chute : ma foi. Dès ma naissance, je l'ai toujours tenue en main sans jamais vouloir la lâcher. Simplement parce que j'ai besoin d'elle et que je l'aime. Enfin, c'est la seule qui puisse m'offrir ce que j'ai perdu à tout jamais : l'insouciance. L'Eucharistie me permet de lever les yeux et de regarder le chemin qui reste à parcourir, avec confiance et sérénité. Lorsque le Corps du Christ est en moi, je ressens un amour puissant, une immense douceur et une grande impatience de mourir, pour vivre cet instant dans l'éternité.

L'appel au martyre

Entrer dans une nouvelle famille n'est pas une démarche tout à fait simple, surtout lorsque cette famille est élargie aux oncles, aux tantes et aux cousins. C'est le cas de ma belle-famille. Avant de me familiariser avec tout ce monde, il m'a fallu trouver ma place et apprendre à aimer la famille nucléaire de Charlotte. Concernant ses frères, son beau-frère, sa sœur et sa mère, il fut assez aisé de nouer des liens avec chacun d'entre eux. Mon beau-père est un Auvergnat au caractère « d'homme de la terre », généreux, charismatique et direct. Pour me rapprocher de lui, je décide, en 2007, de faire le pèlerinage des pères de famille d'Auvergne. Ces trois jours de marche et de prière nous ont effectivement rapprochés et il est pour moi aujourd'hui comme un père. Mais je suis tombé amoureux de ce pèlerinage et de sa spiritualité très masculine. Plusieurs générations se mêlent et les échanges sont forts. La mort, l'amour, le travail, la paternité, la relation à Dieu… Je me souviendrai toujours, par exemple, d'un homme de 55 ans me demandant des conseils à la veille de la mort de son père. Quelle humilité lorsqu'il me confie : « Comment as-tu réagi à la mort de ton père ? Comment vivre sans cet exemple ? J'ai peur, il m'a toujours accompagné et je sais qu'il va partir. » Lors de ce pèlerinage, nous sommes toujours accompagnés par un prêtre. En 2009, lors de mon troisième pèlerinage, c'était un prêtre de la communauté Saint-Martin. Ordonné depuis moins de deux ans, il faisait preuve d'une grande énergie et d'une force de conviction à toute épreuve. Notre rencontre lors de ce pèlerinage a marqué ma foi « au fer rouge ». Samedi 19 septembre, nous arrivons enfin à Notre-Dame d'Espinasse vers 19 heures. C'est le deuxième jour de marche, le plus long. C'est dans cette petite chapelle que le prêtre dit sa messe. Habituellement, je m'installe dans l'une des stalles pour être au plus proche de l'autel et je m'assoupis, la fatigue aidant, pendant l'homélie du prêtre. Mais cette année-là, alors que l'homélie commence, je suis littéralement bouleversé par les mots du prêtre : « Mes chers amis, merci ! Merci parce que j'ai passé une excellente journée en votre compagnie. Je dirais même que vous êtes gentils. De bons pères de famille, de bons travailleurs, de bons époux, de bons serviteurs de Dieu… J'ai reçu des mots gentils, et je suis certain que vos familles, demain à l'arrivée, seront gentilles avec moi. » Et, se retournant, il prend la croix d'autel de la main droite, pointe le Christ en croix de la main gauche, élève la voix et dit : « Eh bien ça, ce n'est pas gentil. Si le Christ avait été gentil, il n'aurait pas été crucifié. Si le Christ avait été gentil, il n'y aurait plus de temple, il n'y aurait que des marchés. Je vous exhorte à ne pas toujours être gentils. Oui, donnez de l'amour. Oui, soyez charitables. Mais lorsque l'injustice se présente à vous, levez-vous. Lorsque l'on attaque l'Église, levez-vous. Les martyrs sont des combattants de Dieu, ils ne sont pas gentils… » Ces paroles ont littéralement changé ma façon de vivre ma foi. Je me suis beaucoup interrogé sur l'attitude du Christ lorsqu'il tend la joue gauche. Je ne crois pas que ce geste soit un signe de soumission. Je crois qu'il veut dire : « Frappe encore, je suis prêt à aller jusqu'au martyre. » Cette homélie m'a permis d'accepter spirituellement ma maladie. Accepter l'injustice d'être malade alors que l'on n'a rien demandé. Accepter la vérité de ses péchés et du mal que l'on fait à son prochain. Et donc de trouver l'humilité indispensable pour se soigner.

Le diable a cru avoir remporté la victoire

La croix est le symbole indiscutable de la victoire du Christ sur le mal. Dimanche 24 mars 2013, se prépare à Paris la plus grande manifestation des années 2000. La Manif pour tous va marcher sur l'avenue de la Grande-Armée. Charlotte et moi avons fait le déplacement presque à chaque manifestation. Pendant la messe dominicale, l'abbé Coiffet explique le parcours politique du mariage pour tous (PACS, Mariage pour tous, PMA, GPA…) et il nous engage à croire que ces manifestations peuvent changer les événements. « Croire, toujours croire. L'espérance est un devoir, ce n'est pas un choix. Même lorsque vous croyez que tout est perdu, l'intercession divine arrive. Lorsque le Christ est mort sur la croix, le diable a cru avoir remporté la victoire. Et c'est pourtant la Victoire du Christ sur le mal. Il s'ensuivra la victoire du Christ sur la mort. Allez, criez votre colère, dites que vous n'acceptez pas ! » Depuis ce jour-là, ce message d'Espérance absolue ne me quitte jamais, en particulier lorsque la dépression commence à m'envahir. Les épreuves se succèdent mais je suis sauvé par la Croix.

Aimer Jésus

Ma maladie m'a rendu pauvre et faible. C'est très prégnant lorsque je suis hospitalisé. Je côtoie d'autres malades dont les vies sont parfois totalement détruites. La maladie psychique, si l'on n'arrive pas à l'aimer et à l'apprivoiser, détruit tout sur son passage. Plus de travail, plus d'argent, plus de dignité et pire, plus de famille. Il est toujours possible de retrouver une vie stable mais il y a des contextes de vie qui facilitent cette démarche : être marié, avoir un socle médical solide, avoir un travail ou une occupation et aimer Jésus. J'ai ma place parmi ces malades lorsque je suis hospitalisé. Je ne vaux pas plus qu'un autre et je ne veux pas valoir plus qu'un autre. Lorsque je suis pauvre, j'aime éperdument Jésus quand il souffre. Je m'imagine souvent à côté de lui portant ma croix, lorsqu'il porte la sienne pour aller au Golgotha. Quand je pleure, je pense à lui lorsqu'il pleure Lazare. Quand je suis en colère, je pense à lui lorsqu'il renverse les étals des marchands du Temple. J'aime Jésus dans son humanité, la plus pauvre.

Deux saints dans mon quotidien

J'ai une affection particulière pour deux saints qui ont, avec Jésus, une relation très différente, voire contradictoire : sainte Thérèse de l'Enfant-Jésus, pleine de douceur, d'absolu de foi et de « faiblesse » et saint Thomas, le frondeur, celui qui a besoin de preuve pour croire alors qu'il voit Jésus. Je vis avec sainte Thérèse. Il n'y a pas une journée où je ne pense à elle. D'abord, pour sa capacité à dire son amour à Jésus, à Dieu et à Marie. Ses mots sont bouleversants, elle donne le sentiment que ses mots lui ont été dictés par la Très Sainte Vierge Marie. Et puis elle vit le *Carpe diem*. Ma maladie m'impose ce choix de vie, celui de ne pas compter les jours, celui de ne pas voir plus loin que le coucher. Quand Charlotte me demande si je me sens bien, je ne peux lui répondre que pour aujourd'hui. Chaque matin, je me promets de prendre soin de moi « rien que pour aujourd'hui ». Demain est trop loin, trop dur et trop incertain. Je vais chercher l'humilité chez sainte Thérèse. J'affectionne aussi beaucoup saint Thomas parce qu'il est en permanente recherche de vérité. Il a une relation avec le Christ très directe, il assume ce qu'il pense. Lorsqu'il demande au Christ une preuve de sa résurrection, il lui pose la question directement. Je crois que j'aurais la même attitude si cela devait m'arriver. Certes, il est magnifique de croire sans voir mais le Christ n'a jamais dit que c'était mal de croire en ayant vu ! J'ai hérité de mon père cette façon de communiquer très directement et c'est tellement plus simple à bien des égards. Enfin, c'est grâce à saint Thomas que l'on sait où il faut aller : « Seigneur où va-t-on ? – Personne n'ira à lui sans passer par moi. » Je vais chercher la vérité chez saint Thomas. Humilité et vérité sont les deux piliers d'un parcours de stabilisation dans le cas de la bipolarité. Sainte Thérèse et saint Thomas sont donc de formidables pharmaciens du quotidien !

En colère contre saint Joseph

Liberté, foi et maladie ne font pas toujours bon ménage. Ce mélange épicé peut tenir de la lune de miel comme du divorce. Au fil de mes crises, je devenais, petit à petit, un mauvais époux et un mauvais père de famille. On ne devient pas bipolaire du jour au lendemain, on ne devient pas non plus un mauvais époux et père de famille en 24 heures. Au plus fort des crises, des violences et des excès d'alcool, j'étais en colère d'être devenu ce que j'étais. Voir mes enfants baisser la tête le matin, parfois même ne pas me lever. Devoir assumer un silence glacial de Charlotte, se sentir extrêmement seul et chercher une excuse, un coupable. Sans doute par lâcheté, je ne voulais pas m'attaquer à la Sainte Trinité. Ou bien était-ce parce que j'étais profondément convaincu qu'elle me sauverait un jour. En revanche, j'ai vu en saint Joseph le coupable idéal de tout ce qui m'arrivait. « Tu es le saint patron des pères de famille : que fais-tu pour moi ? Tu es humble, tu te caches derrière la Gloire de ton fils : eh bien, montre-toi ! J'ai besoin de toi, tu n'es pas là, je n'ai plus le désir de t'aimer. Notre relation sera virile, crois-moi ! » Toute la famille savait que « j'en avais après saint Joseph ». En effet, à la fin de chaque prière quotidienne, chacun cite son saint patron : « Bienheureuse Pauline-Marie Jaricot, sainte Flamine, sainte Blandine, bienheureuses Perrine et Perrine-Charlotte, saint Martin, saint Rémy, bienheureuse Charlotte et Notre-Dame des tous petits, saint Marc et saint Joseph. » Pendant plusieurs mois, je n'ai pas cité saint Joseph, façon d'assumer ma colère aux oreilles de ma famille.

– Papa, pourquoi vous ne citez plus saint Joseph ?
– Parce que je n'ai pas envie de le prier.

Aujourd'hui, je suis convaincu qu'il n'a jamais été aussi présent qu'à ce moment-là. Je l'ai retrouvé lorsque mon orgueil m'a quitté et que j'ai pris la difficile décision de partir à l'hôpital. Parce que, si j'étais apeuré de ce qui allait m'arriver, j'étais incroyablement serein concernant tout ce qui pouvait se passer à la maison en mon absence. J'avais la ferme conviction que, pendant cette première cure, saint Joseph prendrait ma place à la maison et protègerait Charlotte et les enfants. En deux ans, je me suis presque absenté six mois de la maison. Avec la force et la volonté de Charlotte, saint Joseph a aussi fait en sorte que rien de grave ne s'y passe et que ma place de bon époux et de bon père reste intacte. Saint Joseph a fait pour moi ce dont je n'étais plus capable.

Dieu est le meilleur médecin

Si je ne fais plus que des phases basses de dépression, dans ma foi, je ne fais plus que des phases hautes. Aimer Dieu est une évidence heureuse. Mais lorsque l'on est atteint d'une maladie d'ordre psychique, en pratique, il est extrêmement difficile de trouver le bon psychiatre, le bon psychologue, la bonne clinique et même le bon pharmacien qui vous dépanne en cas d'urgence. Cet aspect de la maladie est fondamental. Il est indispensable de construire un socle médical le plus solide possible. Mais il ne faut pas oublier Dieu. Dieu est le meilleur des médecins : il nous connaît par cœur, il connaît toutes les maladies, il est toujours disponible et c'est le seul qui sache soigner l'âme. Outre les dons de l'Esprit Saint, pour aider à vivre avec sa maladie, Dieu nous donne les sacrements. Ils sont tous essentiels mais quatre sont particulièrement adaptés. L'Eucharistie donne la sérénité et la confiance en lui (l'insouciance). En cas de crise, le pardon dans la confession permet de nettoyer son âme. Le sacrement des malades permet, quant à lui, de trouver en soi les forces nécessaires au combat et d'accepter une fin évidente. Enfin, le sacrement de mariage. Alors que j'étais en crise, mon beau-frère me dit un jour : « Fais ce que tu veux mais ne remets jamais ton mariage en question ! » Il avait tout à fait perçu mon envie de quitter notre maison lorsque j'étais en crise. Après cinq ans de combat, je peux dire que c'est notre sacrement de mariage qui m'a sauvé. Malgré la violence, l'alcool, les injures, les hurlements, Charlotte m'a toujours accompagné, même dans des endroits que nous n'aurions jamais imaginés (CHU, clinique, psychiatre, suivi conjugal…). Je lui dois ma stabilisation, mon bonheur retrouvé, ma dignité et ma famille. Le sacrement de mariage nous a permis d'aimer, de vouloir aimer et de croire que l'on peut aimer. En cela, Charlotte m'a sauvé.

Chapitre 10

DONNER SA VIE POUR CEUX QUE L'ON AIME

– CHARLOTTE –

Avec cinq années passées en tant qu'infirmière, en chirurgie thoracique à l'hôpital Foch, j'ai eu, très jeune, l'habitude de la mort, de la souffrance et de la tristesse. Pourtant, rien ne m'avait préparée à ce que j'ai vécu. D'abord onze années de mariage heureuses, à fond, où nous avons enchaîné les mutations et les bébés. Et puis cinq années de malheur, de crise et d'inquiétude permanente. La boule au ventre 24 heures sur 24 ! Que va-t-il encore se passer ? Comment tout cela va-t-il se terminer ? Je n'ai jamais quitté Marc. Dans un premier temps, au tout début de sa maladie, je n'étais pas la bonne personne pour l'aider. Il avait choisi mon beau-frère qui, lui seul, arrivait à l'éclairer et à lui faire comprendre les événements « en vérité ». Il m'a fallu embrasser la maladie de Marc, la connaître, la comprendre pour pouvoir retrouver ma place à ses côtés. La foi en notre sacrement de mariage était mon Espérance. Nous devions trouver le moyen d'être plus forts que cette maladie ! Il ne pouvait pas en être autrement !

Et puis, un soir, l'électrochoc ! Sans le savoir, je prononce la phrase qui va tout changer : « Tu peux bien faire ce que tu veux, je ne te quitterai jamais ! » Cette phrase n'était pas préméditée, elle sortait simplement de mon cœur blessé par les humiliations de l'homme que j'aime, un soir de crise. Dès le lendemain matin, Marc m'a annoncé vouloir tout quitter pour se soigner. Il avait enfin compris que je ne lâcherais pas ! Qu'il y avait encore de l'espoir et de l'amour ! Je n'aimais plus Marc, mais j'avais la volonté de l'aimer encore. Tous les matins, je lui redisais « oui » ! Et c'est bien ce « oui », prononcé quatorze ans plus tôt, qui nous a sauvés. J'ai beaucoup appris et j'apprends encore. Voilà le fruit de mon combat, de notre combat.

Le combat contre l'alcool

Très tôt, j'ai compris que l'alcool serait un sujet ! À l'aube de son premier rendez-vous chez l'alcoologue, Marc se cachait pour boire. Je ne pouvais pas être totalement consciente du niveau d'alcoolisme de mon mari. Mais j'étais très heureuse de savoir qu'il avait trouvé la perle rare, l'alcoologue qui pourrait le sauver. Quelle épreuve d'humilité pour nous tous ! Pour Marc, bien sûr, qui a dû se mettre à nu et accepter la pauvreté d'être alcoolique. Pour moi aussi qui l'ai suivi dans le cabinet du docteur François à plusieurs reprises. Et pour la famille qui a participé aux moments conviviaux des Pèlerins de l'eau vive. Ce chemin a été plein de grâces. Tout d'abord, la grâce d'entendre le docteur François me dire : « Charlotte, c'est votre couple, votre amour qui va sauver Marc. » La grâce des enfants, entourés des Pèlerins de l'eau vive, qui jouent, tout à fait conscients que leur père, comme les autres pèlerins, est malade de l'alcool. Dieu et Jésus sur sa croix sont toujours restés « en toile de fond », de la première abstinence à aujourd'hui.

L'annonce de la maladie

La première fois que Marc m'a annoncé le diagnostic, à Clermont-Ferrand, il était suivi par un psychiatre qu'il n'aimait pas. « Bipolaire, tu rigoles ? Change de médecin, tu changeras de maladie. » Je n'ai pas de regrets, ce n'était pas la bonne personne, ni le bon moment. Mais quelques années plus tard, lorsque le docteur François confirme à demi-mot ce diagnostic, je retrouve un mari effondré. Marc culpabilise par rapport à la promesse qu'il m'avait faite lors de notre mariage : « Ce n'est pas ce que je t'avais promis. » Oui et non. Oui, il ne m'avait pas dit qu'il était malade, tout simplement parce qu'il l'ignorait. Non, parce que dans le sacrement de mariage, il est bien dit : « Dans l'épreuve et dans la maladie. » Et non encore, parce qu'il m'a promis de toujours se battre. Ce que je lui demande n'est ni de gagner des batailles, ni de les perdre, c'est de se battre !

La dignité du père

J'accorde une place extrêmement importante à la dignité du père. Je veux que Marc garde sa place de père comme celle d'un tuteur pour nos enfants. Ils doivent pouvoir s'appuyer sur lui pour grandir correctement, avec force, droiture et sagesse. J'ai donc, bien sûr, toujours évité de le dénigrer devant les enfants, même dans les moments de crise où ils l'ont vu en très mauvais état. Marc reste cet être merveilleux que j'ai choisi pour être leur père, et je veux qu'ils n'aient aucun doute là-dessus. Cela me paraît primordial.

Le pardon

« Pardonnez-nous comme nous pardonnons » Je suis fière et orgueilleuse. Le pardon n'a jamais été très naturel chez moi, alors qu'il l'est chez Marc. En cela, je me suis mise à son école et cette découverte est fondatrice. Lorsque vous faites face à votre époux qui ne maîtrise plus ses capacités intellectuelles et psychiques, le pardon est une démarche presque quotidienne. Vous êtes blessée en permanence. Et, si vous vivez dans la rancœur, le cheminement vers la stabilisation de la maladie est entravé. Et puis, quelle sérénité et quelle paix apporte le pardon ! Parfois c'est dur, très dur ! Mais quel soulagement et quelle preuve d'amour !

« Donner sa vie pour ceux que l'on aime »

Donner sa vie pour ceux que l'on aime, c'est tout simplement passer après eux. S'oublier, ne pas penser à soi, accepter la fatigue, la contrainte, l'effort pour rendre heureux ceux qui nous sont chers. C'est considérer que la vie des autres vaut bien tous les sacrifices que nous pouvons faire pour eux. Dès notre mariage, j'ai donné ma vie pour le bonheur de Marc et des enfants. Avec du recul, je me rends compte que la maladie m'a permis de tout donner, vraiment tout donner et offrir. Offrir ses souffrances à sa famille et au Bon Dieu. Moi, j'ai donné de cette manière-là alors que Marc donne tout dans son combat contre l'alcool et les hospitalisations. Donner sans compter, c'est cela qui nous a sauvés !

« La vérité vous rendra libres »

J'ai une sainte horreur du mensonge et des tabous. Je fuis tout ce qui ressemble à un faux semblant ou à l'hypocrisie. Impossible pour moi de dire que tout va bien si c'est le chaos dans ma vie. De toute façon, je crois que cela se lit sur mon visage… Je suis très attachée à la vérité et je suis persuadée qu'on ne peut pas en faire l'économie dans nos vies, et en particulier dans l'éducation. Nous avons toujours été en vérité avec nos enfants et c'est une clé pour qu'ils puissent grandir de manière droite. Ils savent qu'ils peuvent nous faire confiance.

« Ma dignité m'appartient »

Une épouse, devenue une amie, sur le même chemin que le mien, me disait que son mari avait conduit sa dignité à néant dans leur milieu. Je lui ai expliqué que je n'étais pas d'accord avec cela. Sa dignité lui appartient à elle et à personne d'autre. Dans les périodes de crise où Marc est très mal et donc ne peut pas bien me traiter, je peux être très blessée par ses propos et ses attitudes. Et, en effet, ma dignité en prend un coup. Il est donc absolument primordial que, à distance de la crise, à tête reposée, nous puissions revenir sur ces événements, que des paroles viennent panser la blessure et que des pardons soient échangés. Ainsi, je suis rétablie dans ma dignité. Mais celle-ci n'appartient en aucun cas aux autres.

« C'est tellement injuste ! »

À vue humaine, ce qui nous arrive est profondément injuste. Pourquoi cette maladie vient-elle frapper notre famille ? Pourquoi devons-nous traverser cette épreuve atroce qu'est la maladie psychique ? Et pourquoi pas les autres familles ? Souvent, j'ai crié cela au Bon Dieu : « Ce n'est pas juste ! » Mais la vraie justice n'est pas sur cette terre, elle est au Ciel. Alors, il faut apprendre à vivre avec ce sentiment et envisager un avenir meilleur. Sur la terre comme au ciel…

L'importance de la communication, voire de l'accompagnement

Après plusieurs mois de stabilisation de Marc, j'ai pu identifier deux ou trois moments où j'ai craint qu'il ne dérape. Je perçois, en effet, parfaitement les signaux d'un début de crise, je les perçois bien mieux que lui. Selon moi, la clé pour rebondir dans ces moments-là, c'est la communication : parler, parler, parler…

Marc déteste cela, mais quand il commence à ne pas être bien, je le pousse à me parler, à me dire ce qui ne va pas et à m'exprimer ses besoins. Facile à dire ! Nous avons la chance de pouvoir y parvenir, mais c'est le fruit de mois et de mois d'exercices et aussi d'échecs. Au départ, nous n'y arrivions pas et nous avons eu besoin pour cela de l'accompagnement de conseillers conjugaux, pendant plusieurs mois. Même si la conclusion de cet accompagnement a été que nos soucis de couple venaient de la maladie de Marc, cela nous a appris à communiquer sereinement, souvent et en profondeur.

On ne peut se dispenser de cela pour surmonter ce qui nous arrive. Communiquer est une preuve d'amour !

Accepter l'autre avec ses limites

La maladie de Marc, qui l'a beaucoup changé, exige de moi de l'accepter et de l'aimer tel qu'il est. Avec ses limites, et je dirais même, avec une nouvelle personnalité. Au-delà de Marc, j'apprends à accepter les autres avec leurs limites, leur comportement, leur façon de vivre. Je suis la première à être limitée : dans ma capacité d'aimer, dans ma capacité à m'adapter aux autres, dans ma capacité à être comme l'autre voudrait que je sois. Alors j'essaie d'aimer mon prochain, même s'il n'est pas comme je voudrais qu'il soit !

La prière

Grâce à l'accompagnement exceptionnel dont Marc bénéficie à l'hôpital, j'ai pu suivre une formation pour les « conjoints aidants ».

Durant cette formation, on m'a demandé d'identifier mes ressources. Parmi elles, la première et la plus importante est la prière. Sous diverses formes : toute la journée considérer que Jésus est à côté de moi et vit avec moi, me voit, m'écoute, m'entend et sait ce que j'ai dans le cœur. Et donc lui parler, lui demander son aide, lui demander de gérer quand ça ne va pas. Non seulement je n'ai jamais douté de sa présence dans ma vie mais, au contraire, il permet que, jour après jour, ma foi grandisse et soit fortifiée.

Mes ressources

J'ai parlé de la ressource qu'est pour moi la prière. L'autre ressource, ce sont les personnes qui nous entourent. Il est très important de pouvoir s'appuyer sur les gens qui nous aiment : notre famille naturelle et la famille que l'on se choisit, c'est-à-dire nos amis. Je peux dire que nous avons une chance infinie d'être entourés par des amis formidables. Je pense que le fait d'être en vérité nous les fait mériter. Une épouse me demandait, un jour, comment je gérais le « qu'en-dira-t-on ». Cela fait bien longtemps que nous sommes complètement au-dessus de cela. Le « qu'en-dira-t-on », nous n'en avons plus rien à faire. Je sais bien que l'épreuve que nous traversons alimente certaines discussions, et c'est bien normal. Mais je sais aussi que la plupart des discussions ont pour seul but de nous aider et d'être présents pour nous. Je ne remercierai jamais assez le Seigneur pour tous ceux qui nous entourent, pour la richesse, la profondeur et la fidélité des relations humaines que nous avons la chance de tisser.

Pourquoi moi ?

Cela fait bien longtemps que je me demande pourquoi. Il y a quelques années, je regardais les couples de mes amis, qui me semblaient stables, aimants, rayonnants, forts, épanouis… Et je me demandais : pourquoi nous ? Pourquoi une telle épreuve nous secouait-elle, Marc et moi ? Eh bien, aujourd'hui, je me pose toujours la même question, mais dans un autre sens. Grâce à tous les parcours qui me sont partagés par les épouses sur le même chemin que le mien, je peux me dire : « Pourquoi moi ? Pourquoi m'est-il donné un mari qui a choisi de se battre, qui se reconnaît malade, qui accepte sa maladie, qui a fait le deuil d'une vie pleine de mille aventures pour essayer d'embrasser une vie stable par amour pour sa famille ? Tant de personnes n'y arrivent pas, pourquoi suis-je tombée sur celui qui accepte de tout mettre en œuvre pour s'en sortir ? Pourquoi ai-je cette chance, pourquoi beaucoup de ces femmes ne l'ont-elles pas ? » Merci, Marc ! Merci pour ce que tu es et pour ce que tu fais de moi !

Et si c'était à refaire ?

Un jour, une jeune fiancée lucide sur les troubles dont est atteint son fiancé me demandait : « Et si c'était à refaire ? »

Je me doutais qu'elle me poserait cette question. C'est une question à laquelle je me suis longtemps refusé de répondre. Mais la réponse est claire. Avec la maturité des vingt-cinq ans que j'avais le jour de mon mariage, si j'avais eu la vision de ce qui m'attendait, j'aurais refusé. Je n'étais pas alors suffisamment forte, ou consciente de ma force, pour supporter cette croix.

Aujourd'hui, presque vingt ans plus tard, je suis plus consciente et sûre de mon armure et je sais combien toute cette épreuve m'a apporté et a fait de moi celle que je suis. Je ne veux donc rien rejeter de tout cela tant cela me permet de me sentir aimée et d'aimer à mon tour. Avec la maturité de mes quarante-cinq ans, je peux dire que OUI ! Si c'était à refaire, je le referais !

Participer à l'écriture de ce livre n'a pas été, pour moi, une évidence. Nous avons réussi à parcourir ce long chemin vers la stabilisation de la santé de Marc grâce à l'humilité. C'est un trésor que nous ne voulons pas perdre. Alors, écrire dans ce livre est un risque, le risque de se voir mis en avant et que l'orgueil frappe à notre porte !

J'ai accepté de suivre Marc dans cette démarche parce que je ne devais pas garder le secret de notre réussite rien que pour nous. Alors voilà, ce qui m'a fait tenir, ce qui nous a sauvés, c'est notre sacrement de mariage. Ce jour où, inconscients des épreuves qui nous attendaient, nous nous sommes promis de nous aimer. Devant nos amis, nos familles et Celle qui nous protégeait et nous protège encore, Celle qui ne nous a jamais quittés, la grâce de Dieu dans notre vie !

Chapitre 11

IL N'Y A PAS DE FAMILLE PARFAITE
– LES ENFANTS –

Rémy (17 ans) – Servir

Une très chère amie m'a un jour écrit : « Dieu donne ses plus durs combats à ses plus forts soldats.» C'est alors avec une grande fierté que j'assume celui qu'il m'a donné.

Je suis Rémy, l'aîné des six enfants et j'ai dix-sept ans à l'heure où j'écris ces lignes. Malgré les retentissements de l'engagement militaire dans la vie de mon père, je m'attache, comme lui avant moi, au rêve de devenir soldat. Dans ma famille, l'éducation va dans ce sens et nous transmet ces valeurs. Cela me pousse à voir la maladie de mon père et l'épreuve que cela représente comme une mission que notre Seigneur m'a posée sur les épaules. Ma fierté est de savoir qu'Il m'a jugé capable de l'assumer.

Pourtant, la maladie de mon père est arrivée alors que j'entrais dans une période de ma vie où je me construisais et où j'avais besoin plus que tout d'un père qui puisse m'aiguiller. J'avais besoin de quelqu'un pour me conduire vers ma vie d'homme, et certainement pas d'une claque telle que la prise de conscience de cette maladie a été pour moi. Mon père, que je voyais comme le roc sur lequel m'appuyer, s'est tout à coup dérobé sous mes pieds. Néanmoins, ce sont certainement cette difficulté, ces épreuves et cette instabilité qui me poussent aujourd'hui à devenir un homme.

Je dis « tout à coup » mais il m'a fallu, en réalité, du temps avant de comprendre brutalement la situation. Je n'ai pas entendu ce que cela signifiait quand mon père nous l'a annoncé et a été hospitalisé. Femme d'ancien militaire, ma mère savait parfaitement gérer l'absence de mon père. Déjà au début de sa carrière chez Michelin, il bougeait beaucoup et c'était devenu une routine. J'attendais son retour et les « petits souvenirs » qu'il nous rapportait de l'étranger. Après cette hospitalisation, il est revenu, les bras chargés, et nous avons fêté son retour. Tout s'est bien passé pendant quelques semaines. Puis il a fait une crise, la première pour moi, j'avais treize ans. La fatigue du soir exacerbant la tension dans la maison, il a craqué, libérant sa colère pour un stupide prétexte, comme cela se répétera à chaque fois. Il a fait pleurer ma mère, donc mes sœurs et mon frère, chacun enfermé dans sa chambre pendant que lui faisait main basse sur l'alcool dans le salon, gueulant et braillant des injures immondes. J'étais cloué dans mon lit, immobile, serrant ma mâchoire à la faire sauter, me retenant de hurler ma peur. Ce soir-là, premier pas pour moi, j'ai compris ce que signifierait « bipolarité » dans notre vie, j'ai compris que mon père était fou. J'ai adopté ce comportement de repli pendant un certain temps, m'empêchant de pleurer dans mon lit lors des crises. Puis, pendant l'une d'entre elles, j'ai osé sortir de ma chambre. Constatant la détresse de mon frère et celle de ma mère, je me suis juré de les protéger la prochaine fois. Deuxième pas pour moi, avant même d'avoir quinze ans : j'ai compris que j'allais devoir me battre. Mon frère est ensuite parti en pension à Autun. J'ai alors vite compris que je devais devenir le plus robuste des remparts face aux colères de mon père. Le fils qui savait toucher mon père était parti. Mon père savait blesser profondément ma mère sans même la toucher. Quant à mes sœurs, elles étaient bien trop jeunes et innocentes pour lui tenir tête. Lors de la crise suivante, je suis sorti, plus déterminé que jamais, invoquant la protection de saint Michel Archange. Mes parents se hurlaient dessus, mes sœurs pleuraient. J'ai accompagné ma mère se coucher dans le canapé du salon, ce qui a eu pour conséquence de calmer les cris, et j'ai demandé à mes sœurs de cesser leurs pleurs et de rentrer dans leurs chambres. Elles se sont exécutées avec beaucoup de courage et de discipline. Puis, ayant le terrain pour moi seul sans risquer de dommages collatéraux, je me suis tourné vers mon père. À sa place se trouvait une espèce de larve piteuse, bouffant sa pizza et sirotant sa bière. J'ai commencé à lui faire des reproches froids, lui demandant pourquoi sa femme pleurait. Il est « monté dans les tours », moi aussi. Le ton s'est envenimé, de plus en plus dur et brutal. Et, poussé par la colère et le dépit, j'ai pris l'avantage, *a contrario* de tout ce que j'avais connu et malgré mon envie de pleurer. Il s'est tu, j'étais le seul à crier. Les rôles s'étaient inversés, je l'engueulais comme un gosse, je me suis pris à le tutoyer. Je lui répétais que Marc Bruneteau, le capitaine Bruneteau, le mari de Charlotte Bruneteau, le père de six enfants, le gestionnaire de « crise », aurait honte et dégoût de l'alcoolique qui lui avait piqué ses traits et qui me dévisageait avec ses yeux vitreux, ne tentant même pas d'en placer une. Je lui ai ordonné d'aller se coucher. Excédé, il a obéi. Je suis rentré dans ma chambre et j'ai pleuré, ne retenant plus mes larmes, frappant le sol de mes poings. Mais j'avais gagné, j'avais vaincu la chose affreuse qui habitait mon père, cette chose appelée « bipolarité ». J'avais quinze ans. Cette victoire n'a pas été sans terribles conséquences pour moi. Encore plus que d'habitude, j'ai été épuisé, exécrable, détestable pour mon entourage, j'ai enchaîné les bêtises monumentales et j'ai fait du mal à beaucoup de mes proches. Qu'ils sachent tous que je le regrette amèrement et que je leur présente mes excuses. Parmi eux, il y en a un qui ne m'a jamais lâché, qui a passé l'éponge sur mes caprices, mes colères, ma vanité, mes erreurs… Élie, à l'heure où ces lignes seront publiées, tu seras parti bien loin, mais sois remercié du fond du cœur, mon ami, mon confident, mon frère. Certains m'ont pardonné, merci beaucoup à eux tous. L'amie citée au début de cet écrit est arrivée après les événements et, sans *a priori*, elle a été très prévenante à mon égard, du fond du cœur, merci Zélie. Il est possible que j'aie fait, pendant cette période, une dépression. Je n'en sais rien, je n'ai pas voulu vérifier : j'ai contracté une aversion pour les psychologues. Il est sûr, cependant, que j'allais très mal et je n'en suis sorti qu'après six long mois. La dernière crise de mon père a été endiguée d'une manière bien singulière. Il a été profondément touché et calmé par une lettre de motivation que j'avais rédigée et qu'il trouvait excellente. Il n'a pas explosé.

Pourtant, cette fois-ci, j'aurais été prêt à tenir tête à mon père. Et le plus paradoxalement tragique dans tout cela, c'est que la personne qui m'a appris à cacher ma peur, à ne pas montrer ma faiblesse, à serrer les dents, à affronter l'adversité, à me battre, à braver la difficulté, à rester droit dans mes bottes, à rester libre, c'est Papa.

Martin (15 ans) – Regarder de l'avant

La maladie de mon père me donne aujourd'hui de la force, du courage et des devoirs.

Cela fait environ un an et demi que mon père est dans un état stable et je suis très fier de lui. Néanmoins, cette maladie avec laquelle j'ai appris à vivre depuis l'âge de mes huit ans ne m'a (évidemment) pas apporté que des bonnes choses. Une telle maladie engendre de la souffrance, beaucoup de souffrance. Et la souffrance la plus insupportable à vivre, c'est de voir une personne que l'on aime dévastée par les ravages de l'alcool et de la maladie.

Les moments de crise étaient difficiles à vivre et assez effrayants, en particulier pour ma mère. Le pire était lorsque je n'étais pas là. En cas d'absence, je culpabilisais car je me sentais le devoir de veiller sur mes petites sœurs et sur ma maman. Elles étaient les premières à souffrir des crises de manie de Papa, dans un premier temps, et de ses dépressions, dans un second temps. L'addiction à l'alcool de mon père me donne aussi le devoir de combattre l'alcool, toujours et partout, et d'aider mon père lors de ses rechutes. Par exemple, il y a environ trois ans, alors que nous allions faire des courses ensemble, j'ai remarqué que Papa mettait discrètement des canettes de bière dans le sac de courses. En sortant du magasin, je lui ai très clairement fait comprendre que je l'avais vu et que j'étais très déçu de lui. Nous nous sommes alors dirigés vers une poubelle que Papa a ouverte, puis j'y ai jeté les trois canettes. J'ai ressenti en lui une grande déception et une grande honte, mais il était surtout extrêmement fier de moi. À compter de ce jour-là, lors des rechutes de Papa, je me lançais dans une chasse à l'alcool : je remplissais les bouteilles de rhum qu'il cachait avec de l'eau ou bien je jetais les canettes de bière qu'il avait cachées. Je suis fier de voir que l'ardeur de mon père ainsi que l'aide qui lui a été donnée par son équipe médicale, par Maman et par nous, ses fils, portent aujourd'hui leurs fruits. Voilà un an et demi qu'il est sobre !

Lorsque le combat de mon père consiste à tenir « rien que pour aujourd'hui », le mien consiste à regarder de l'avant. Ainsi, je dois le remercier de se faire hospitaliser, non pas en considérant le jour présent comme un échec, mais en voyant la fin à venir de cette hospitalisation comme un triomphe face à l'alcool et face à sa maladie.

Il y a environ un mois, j'ai traversé une rude épreuve : après de multiples problèmes avec mes chefs de section du lycée militaire d'Autun, le chef de corps du lycée et mon père ont pris la décision de me retirer de ce lycée que je considérais comme une famille. Mon attitude face à cette épreuve a aussitôt été de me projeter en fin d'année. En effet, si je m'apitoyais sur mon sort et si je regardais derrière moi, je ne réussirais pas à franchir l'obstacle.

Ce qui m'aide à surmonter une épreuve est de me projeter au moment où celle-ci sera finie. Mon père a toujours été un appui et un modèle de combattant face aux difficultés du quotidien. Il a toujours répondu présent lorsqu'il s'agissait de m'aider lorsque j'étais au lycée militaire, ne faillissant jamais que sous le visage de sa maladie.

Malgré les ravages que l'Afghanistan a causés sur Papa, j'ai le fervent désir de servir plus tard mon pays en tant qu'officier dans l'armée de terre. Cet idéal d'officier m'a été transmis par mon père, mon grand-père avant lui, ainsi que par mon arrière-grand-père.

Je vis aujourd'hui fier de mon père et je porte sa stabilisation dans la prière car « rien n'est impossible à Dieu[3] ».

Perrine (12 ans), Blandine (10 ans), Flamine (8 ans) et Pauline (3 ans) – Notre vie avec Papa

1) Comment vois-tu ta vie avec un papa atteint de troubles bipolaires ?

Perrine : Je vois la vie en quelque sorte moins belle et plus belle. Moins belle, parce que c'est vrai que quand Papa est en rechute, ce n'est pas agréable. Plus belle parce que, quand c'est la vie normale, je suis heureuse. Alors que ceux qui ne traversent pas cette épreuve ne se rendent pas compte de leur bonheur.

Blandine : Je la vois dure, mais je me dis que, de toutes manières, on est tous différents, il y en a qui vivent des choses pires

Flamine : J'ai l'impression qu'elle est un peu moins facile que celle des autres. Parfois j'ai un peu peur, parce que Papa m'a dit qu'il pouvait mourir très tôt avec cette maladie.

2) Est-ce que tu aimes cette vie ?

Perrine : Bien sûr, je préférerais que Papa ne soit pas malade mais cela m'aide à aimer la vie. Et, de toute façon, c'est ma vie et je l'aime comme elle est.

---

3. Lc 1, 37.

Blandine: Ben... oui et non. Ce n'est quand même pas rigolo d'avoir un père bipolaire.

Flamine: Oui, même si elle est difficile quand Papa est en dépression.

3) Est-ce qu'il y a des choses que tu voudrais changer ?

Perrine: Non, parce que je n'ai pas envie que mon Papa change.

Blandine: J'aimerais que Papa ne soit pas malade, mais il n'y a pas de famille parfaite !

Flamine: J'aimerais que les dépressions passent vite et qu'il y ait un miracle pour que Papa guérisse.

4) Mais ton Papa, tu l'aimes comme ça ?

Perrine: Oui, mon Papa je l'aime comme il est, c'est mon Poup's.

Blandine: Ben oui ! Qui n'aime pas son père ?

Flamine: OUI !

5) Qu'est-ce que tu voudrais dire à ton Papa ?

Perrine: Que je l'aime très très fort, cela fait douze ans qu'il accompagne mes peurs et mes joies et que c'est le meilleur des papas.

Blandine: Que je l'aime autant que s'il n'était pas malade : ce n'est pas normal d'être malade, mais ça ne serait pas normal d'être normal !

Flamine : Merci, parce qu'il arrive à supporter cette maladie alors qu'il pourrait faire comme oncle Frédéric *(qui s'est donné la mort)*.

Pauline (3 ans)

Je t'aine[4]. Merci !

---

4. Les mots des plus jeunes enfants ont été retranscrits, avec toute la sincérité et l'amour qu'ils transmettent. Pauline a la fraîcheur orale de ses 3 ans.

Épilogue

LETTRE À CHARLOTTE

Ma chérie,

Même si, dans ce livre, la plupart des mots parlent de moi, rien de beau, rien de fort n'aurait pu se faire sans toi. Depuis notre rencontre, tu es là : discrète, solide, aimante, attentionnée, priante et parfois dure et intransigeante lorsqu'il le faut. Tu es la raison de mon bonheur et de tous mes combats. Sans toi, pas d'amour, pas d'espérance, pas de stabilisation. Tu es ma sentinelle, ma sentinelle de l'invisible !

Avant même de te connaître, je priais déjà pour toi. Je confiais ce désir dans l'intimité de mes prières : « Je prie pour toi, je t'espère heureuse. J'offre mes épreuves et ma solitude pour que tu sois heureuse. Je prie pour te connaître, le plus vite possible. »

Ce sont tes yeux qui m'ont tout de suite fait comprendre que c'était toi. Je n'avais de cesse de les regarder, ce soir où nous nous sommes revus. Je t'ai vue et je savais. Avec beaucoup d'insouciance, je t'ai embarquée dans ma 205. Je voulais que nous nous évadions et t'avoir rien que pour moi. Nous partagions tout, en particulier nos faiblesses qui nous ont si vite rapprochés. Et puis, il y a ce soir, devant la petite église d'Andorre-la-Vieille, là où tu m'as dit : « Ce que je vois dans tes yeux, personne ne me l'enlèvera. » Le déclencheur ! Ensuite, il ne m'aura fallu que quatre mois pour demander ta main. Je connaissais la réponse. Ce jour-là, nous avons lié nos cœurs à tout jamais. Certes, nous sommes passés par une longue et solide préparation au mariage, six mois d'absence lors de mon séjour en Afghanistan et un an et demi de fiançailles. Mais « il était trop tard », nous nous aimions déjà pour l'éternité. Pour notre mariage, tu m'as offert deux choses inestimables : une famille et une foi renouvelée, forte et militante.

Les épreuves sont arrivées aussi vite que nos deux fils, presque de manière synchronisée. Nous nous sommes donc construits avec la conscience que la vie pouvait être bipolaire. Nous avons vécu la mort et la vie. J'étais en première ligne sur la mort et toi, sur la vie. Tu as très vite opéré un transfert de douceur, de joie et de tendresse à mon profit. Ce qui ne changera jamais.

À chaque « grande décision », toujours la même réponse : « Si c'est pour ton bonheur, je te suivrai partout. » Et notre famille a accompli sa mue. Je suis devenu « civil » et nous nous sommes retrouvés à la tête d'une famille nombreuse avec l'arrivée de nos trois premières filles en quatre ans. Tu soutenais toute la famille, nos cinq enfants et un mari perdu dans la complexité d'un travail qu'il a mis beaucoup de temps à maîtriser. Et puis l'alcool et les troubles comportementaux sont arrivés. Mais tu avais la force de l'Auvergne, la terre de tes aïeux. Tu puisais ta force dans la Foi.

Tu as consenti à venir en Vendée sur mes terres pour entamer « le combat de ma vie ». Tu m'as soutenu à chaque abstinence, à chaque rechute et à l'annonce de cette maladie. « Je ne te quitterai jamais. Je me battrai avec toi. Ce n'est pas que ton combat, c'est celui de toute notre famille. » À cette époque, pour chaque victoire, tu avais droit à sa défaite. Et le pire nous attendait.

De retour en Auvergne, je suis pourtant le même homme. Tu as la volonté de m'aimer mais tu ne m'aimes plus. Et tu as raison. La violence est entrée chez nous. Plus une soirée ne se passe sans colère. Et une phrase, aussi forte que celle que tu as prononcée quelques années auparavant à Andorre-la-Vieille : « Tu peux faire ce que tu veux, je ne te quitterai jamais. » C'est toi qui as accompagné Flamine dans son combat contre sa tumeur. Je n'étais plus capable de rien. Alors que Pauline était un bébé, mes hospitalisations se sont enchaînées avec une question que nous nous posions tous sans la verbaliser : « C'est quand la dernière ? » Mais, au fil du temps, tu t'es aussi approprié ma maladie. Tu l'as connue, tu l'as comprise, ce qui t'a permis de me connaître et de me comprendre. Et de croire en moi, plus que moi-même.

Il n'y a pas une journée sans combat, pas une journée où je ne me bats pas pour toi. Tu es celle qui m'a permis de trouver la force de vivre avec mes cicatrices et de me battre face à ma maladie. Je suis passé par l'enfer et t'y ai emmenée. À moi, désormais, de te faire vivre le paradis et de t'y conduire. Je t'aime !

Table des matières

PEFC
10-31-3632

N° édition : 24L868.
Achevé d'imprimer en août 2024
en France par la SEPEC
1 rue de Prony - ZA des bruyères, 01960 Peronnas
Dépôt légal : septembre 2024.